hänssler

Praxisbuch
Schaukastengestaltung

Inge Weidemann & Doris Schmidt

Hänssler-Praxisbuch
Bestell-Nr. 393.253
ISBN 3-7751-3253-8

Umschlaggestaltung: Daniel Kocherscheidt
Titelfotos: Doris Schmidt, Inge Weidemann
Abbildungen im Innenteil: Doris Schmidt, Inge Weidemann
Satz: Vaihinger Satz & Druck
Druck und Verarbeitung: Ebner ULM
Printed in Germany

Inhaltsverzeichnis

A Theoretischer Teil

Seite

B Praktischer Teil

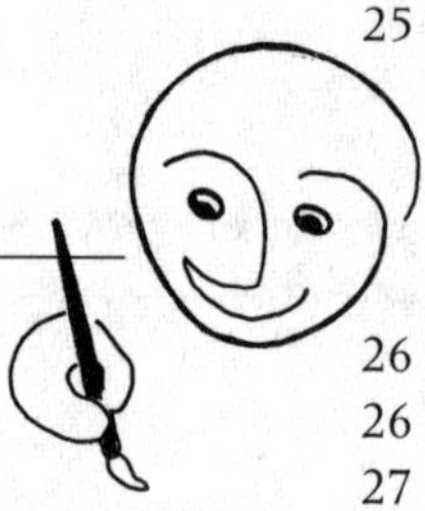

C Beispiele für Schaukastengestaltungen

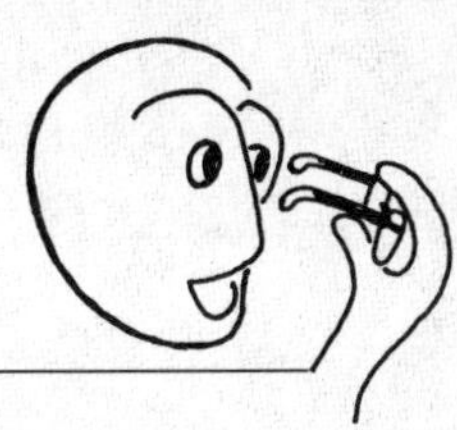

D Gestaltung einer Vitrine

Anhang

Vorstellung der Autorinnen

Inge Weidemann, Gießen
Jahrgang 1941. Verheiratet mit Pastor Helmut Weidemann. Drei erwachsene Söhne.

Die Freude am kreativen Gestalten kam schon früh zum Ausdruck, und so lag es nahe, bei der Ausbildung zum Lehramt an Haupt-und Realschulen die Fächer Kunsterziehung und Werken als Schwerpunkt zu wählen.

Der Schuldienst wurde bald zugunsten einer umfassenden Tätigkeit in Familie und Gemeinde aufgegeben. Durch den inzwischen schon langjährigen Schaukasten-Dienst verbindet sich die künstlerische Neigung mit dem Wunsch, das Evangelium den Menschen nahe zu bringen.

Doris Schmidt, Olpe
Jahrgang 1963. Verheiratet mit Rainer Schmidt. Eine Tochter.

Nach dem Studium der Biologie und 1 1/2 Jahren Bibelschule blieb neben der Tätigkeit als Hausfrau und Mutter viel Zeit für die Gemeindearbeit. Diese wurde u.a. dazu genutzt, die Schaukastenarbeit zu verbessern. Die Teilnahme an zwei Schaukastenseminaren gab weitere Impulse.

Einleitung

Fast jede Gemeinde hat ihn, aber er wird in den meisten Fällen kaum beachtet: **der Schaukasten**.

Oft gleicht er einem »Mauerblümchen«, das still vor sich hin sein Dasein fristet. Wer für ihn zuständig ist, stöhnt oft: »Nur Lasten mit dem Kasten!«

Das muss nicht so sein und sollte auf keinen Fall so bleiben.

Wenn Sie schon jahrelang treu diesen Schaukasten-Dienst versehen, werden die vielen Beispiele und praxiserprobten Hinweise Sie anregen, mal was ganz Neues auszuprobieren.

Falls Sie sich bisher noch nicht an diese Aufgabe herangewagt haben, aber die Botschaft des Evangeliums gern auf kreative Art mitteilen möchten, wollen wir Sie dazu ermutigen und auf die Spur bringen, in diesem interessanten Bereich erste Schritte zu wagen.

In diesem Buch finden Sie Schaubilder für einen relativ kleinen und flachen Kasten, die Sie mit wenig Mühe schnell nacharbeiten können. Haben Sie einen großen und tiefen Schaukasten oder sogar eine Vitrine, bekommen Sie auch viele Anregungen für eine etwas anspruchsvollere und aufwendigere Gestaltung.

Wir geben Ihnen erprobte Tipps zur Verwendung von geeigneten Materialien und zur richtigen Handhabung der passenden Werkzeuge.

Da es nur wenig Literatur zu diesem Themenbereich gibt und auch nur begrenzte Möglichkeiten zum Kontakt und gegenseitigem Austausch für Schaukastengestalter bestehen, wurden wir schon oft um Rat und Anregungen gefragt. Die Mitwirkung bei Schaukastenseminaren ermutigte zur Veröffentlichung dieses Buches.

Wir möchten mit diesem Praxisbuch eine umfassende Hilfestellung geben, damit auch Ihr Schaukasten noch attraktiver wird, und Sie selbst neue Motivation und Freude am Gestalten bekommen. Unser

Wunsch und Gebet ist auch, dass an vielen Orten durch die Impulse der frohen Botschaft den Passanten positive Eindrücke vermittelt werden, und sie sich dadurch für das Evangelium von Jesus Christus öffnen.

Inge Weidemann und Doris Schmidt

A Theoretischer Teil

1. Der Schaukasten

1.1. Angebot geistlicher Impulse

Weil die rettende Botschaft des Evangeliums allen Menschen gilt, gab Jesus den Auftrag, sie weiterzusagen. Auf vielfältige Weise, mit den unterschiedlichsten Mitteln sollen möglichst viele Menschen erreicht werden. Da heute nur wenige unserer Mitbürger bereit sind, einen Gottesdienst zu besuchen oder in der Bibel zu lesen, bietet sich mit dem Schaukasten eine Chance, sie im Vorbeigehen anzusprechen. Er wird oft von mehr Menschen wahrgenommen, als man vermutet. Ist der Kasten einfallsreich gestaltet und nicht nur mit Info-Zetteln bestückt, strahlt er etwas davon aus, dass ein Leben mit Gott Freude bringt und nicht langweilig ist, sondern sehr interessant und erfahrungsreich.

Passanten, die das erste Mal einen positiven Eindruck bekommen haben, werden hoffentlich öfter in den Kasten schauen und vielleicht sogar absichtlich hingehen, in der Erwartung, etwas Neues zu entdecken. Daher ist es gut, die Gestaltung regelmäßig nach einigen Wochen zu wechseln.

Das Leben ist so vielfältig und die Menschen, die an unserem Kasten vorbeigehen, so unterschiedlich, dass wir ein möglichst breites Spektrum anbieten sollten. Freude und Leid, Trost, Warnung, die Aufforderung zur Dankbarkeit, das Staunen über Gottes Schöpfung ... eine Fülle von Themen bietet sich an.

Auch durch die christlichen Feste und den Jahresablauf bekommen wir viele Anregungen.

Wenn Menschen das Schaubild betrachten, sollen sie aber nicht nur Gefallen daran finden, weil es »hübsch« oder »originell« ist. Unser

Wunsch ist ja, dass ein geistlicher Prozess in Gang kommt. Mit den Impulsen wollen wir zum Nachdenken anregen und die Bereitschaft wecken, sich weiter mit der Bibel auseinander zu setzen. Das geschieht selbst durch die beste Gestaltung nicht automatisch. Auch für diese Arbeit trifft die Aussage Jesu zu: »Ohne mich könnt ihr nichts tun.« Jedenfalls nichts, was Menschen in die Verbindung mit ihm führt.
Das Wichtigste ist und bleibt die Aufgabe, Menschen zu helfen, in die persönliche Gemeinschaft mit Gott zu kommen. Deshalb sollte das Gebet um gute Ideen, um Weisheit bei der Gestaltung und um eine positive Wirkung bei den Passanten unsere Arbeit begleiten. Es wird wohl kein Ungläubiger durch das Betrachten des Schaukastens gleich zum Christen werden. Aber die Impulse und Anregungen können die Bereitschaft wecken, über Fragen des Glaubens weiter nachzudenken, und so den Weg ebnen zu diesem Ziel.

1.2. Schaufenster der Gemeinde

Ein ansprechender Schaukasten wirkt wie eine Einladung und ist eine gute Visitenkarte der Gemeinde oder Gruppe, auf die er hinweist. Jeder Kasten muss also seinen Besitzer deutlich ausweisen. In den meisten Fällen steht der Name der Gemeinde auf einem Schriftband am oberen Rand. Anderenfalls kann er bei den ständigen Informationen erscheinen.

Die Botschaft, die durch den Schaukasten vermittelt wird, repräsentiert wesentlich das Image der Gemeinde. Deshalb sollte sie auch dem Charakter der Gemeinde entsprechen und keinen falschen Eindruck erwecken. Man möchte ja besonders die Menschen ansprechen, die sich in den Veranstaltungen wohl fühlen würden. Kommen zur Gemeinde überwiegend junge Leute und Familien mit kleinen Kindern, geht es in den Gottesdiensten entsprechend lebhaft zu mit flotter Musik, dann würde ein altmodisches Plakat im Schaukasten genau die falschen Adressaten ansprechen.
Ebenso wenig würde eine ausgeflippte Dekoration zu einem eher konservativen Gemeindestil passen. Solche Extreme werden wohl selten vorkommen, aber man sollte diese Überlegungen bei der Gestaltung des Schaukastens berücksichtigen.

Dieses optische »Aushängeschild« kann bei Menschen, die noch keinen Kontakt zur Gemeinde haben, einen ersten Eindruck vermitteln, der meist prägend ist. Leider sehen Passanten oft einen langweilig bestückten Kasten mit Bibelzitaten, die in Sprache und Stil nicht mehr zeitgemäß sind. Mit verblichenen Buchstaben auf gewelltem Papier wird zu einer Veranstaltung eingeladen, die manchmal schon längst passé ist. »Gut gemeint und schlecht gemacht«, kann man da nur sagen. Durch den Schaukasten wird der Eindruck vermittelt: Diese Leute interessieren sich selbst nicht mehr für das, was sie hier anbieten.

Auch wenn die Gestaltung nicht immer optimal ausfällt, sollte ein sauberer und ordentlicher Zustand des Kasten eine Selbstverständlichkeit sein. Leider ist das nicht immer der Fall. Wenn die Scheibe seit langer Zeit nicht mehr von einem Wischtuch berührt wurde und sich an den Rändern schon eine Schicht von Algen angesiedelt hat (keine Übertreibung, sondern selbst gesehen!), ist der Schaukasten geradezu eine abschreckende Anti-Werbung.
Wie schade, wenn sich Menschen durch solch einen negativen Erstkontakt für die rettende Botschaft des Evangeliums verschließen und noch bestärkt werden in ihrer skeptischen Haltung gegenüber allem Frommen.
Als »Insider« machen wir uns oft nicht bewusst, wie gemeindefremde Menschen empfinden.
Frage: Würden Sie es wagen, ein Restaurant zu betreten, auf dessen ausgehängter Speisekarte die Schrift kaum noch zu entziffern ist, und einige tote Fliegen die »Dekoration« sind?

Mit der Präsentation durch einen Schaukasten hat die Gemeinde eine Chance, Personen anzusprechen, die (noch) nicht die Veranstaltungen besuchen und ihr Interesse zu wecken. Gleichzeitig übernimmt sie damit auch eine nicht zu unterschätzende Verantwortung, den Inhalt der frohen Botschaft, die vermittelt werden soll, angemessen zu repräsentieren.

2. Wen wollen wir ansprechen?

2.1. Die Position des Schaukastens

Eine Platzierung des Kastens gleich neben der Tür des Gemeindehauses ist in den meisten Fällen nicht so günstig, es sei denn, der Eingang befindet sich direkt an einer belebten Straße. Wird der Schaukasten auch noch hauptsächlich für »Insider« gestaltet, und überwiegend nur von den Personen gesehen, die sowieso die Veranstaltungen besuchen, geht der missionarische Aspekt im Wesentlichen verloren.
Soll ein Kasten neu errichtet werden, ist nach Möglichkeit eine Position zu wählen, die von vielen Vorübergehenden wahrgenommen wird. Optimal wäre die Nähe einer Haltestelle oder ein anderer Platz, wo Menschen warten müssen und dann Zeit haben, sich umzuschauen.

An verkehrsreichen Straßen blicken oft mehr Leute durch die Scheiben von Autos oder Bussen auf den Kasten, als Fußgänger daran vorbeigehen. Das hat dann Konsequenzen für die Gestaltung, denn das Schaubild muss schnell zu erfassen sein.

2.2. Die Situation der Passanten

Bei unseren Überlegungen sollten wir im Blick haben, welche Personengruppen wohl die häufigsten Passanten sind, die in unseren Kasten sehen.
Sind es vorwiegend Mütter mit ihren Kleinen auf dem Weg zum Kindergarten? Tummeln sich dort Schüler in den Freistunden oder nach der Schule? Hasten Werktätige frühmorgens zur Arbeit und gehen nach Feierabend erschöpft vorüber? Schlendern Menschen auf ihrem Einkaufsbummel am Kasten vorbei? Machen ältere Leute ihre kleinen Spaziergänge und legen gern mal eine Verschnaufpause ein?
Was könnte diese Personengruppen gedanklich am meisten beschäftigen oder was wäre ihnen fremd?
Für unsere Gestaltungen sollten wir diese Aspekte berücksichtigen und entsprechende Schwerpunkte setzen.

3. Was soll durch den Schaukasten vermittelt werden?

Die meisten Schaukästen haben einen festen Bereich für ständige Informationen und Hinweise auf die regelmäßigen Veranstaltungen der Gemeinde oder Gruppe.
Die in der Regel größere Fläche ist frei zur Gestaltung mit wechselnden Schaubildern und aktuellen Plakaten.

3.1. Die ständige Information

Die Hinweise auf die wöchentlichen oder monatlichen Veranstaltungen sollten übersichtlich angeordnet sein, mit klar lesbarer Schrift, aus dauerhaftem Material und variabel für terminliche Veränderungen. Die Gestaltung sollte nicht mehr als ein Drittel der Gesamtfläche beanspruchen.
Einige Vorschläge, die sich in der Praxis bewährt haben, finden Sie im Praktischen Teil unter 2.2.a.

Wenn der Schaukasten nicht beim Gemeindehaus steht, ist eine Skizze angebracht, wie man dorthin kommt, und der Hinweis, an wen man sich für weitere Informationen telefonisch wenden kann.

3.2. Die aktuelle Einladung

Für besondere Veranstaltungen werden meist Plakate und Einladungszettel gedruckt. Im Schaukasten soll selbstverständlich darauf hingewiesen werden. Am besten informiert sich der Gestalter rechtzeitig über die geplanten Sonderveranstaltungen. Vielleicht kann das Thema des Schaubildes sogar darauf abgestimmt werden. Auf jeden Fall sollte genug Raum für ein Plakat oder einen Handzettel freigelassen werden. Das ist besonders zu beachten, wenn häufig die gesamte Fläche mit der Gestaltung ausgefüllt wird.

3.3. Das wechselnde Schaubild

Bei der Flut von optischen und akustischen Eindrücken ist es zunächst einmal wichtig, die Aufmerksamkeit der Passanten zu erregen, damit der Schaukasten überhaupt wahrgenommen wird. Was nützt die beste Botschaft, wenn keiner stehen bleibt, um sie zu lesen!

Ein optischer Blickfang hilft, die Neugier der Vorübereilenden zu wecken. Das kann ein Schlagwort sein, ein besonderer Gegenstand, ein interessantes Foto, eine ungewöhnliche Kombination von alltäglichen Dingen und vieles andere mehr. Diese gezielt eingesetzten Effekte sollen nicht Selbstzweck sein, sondern mit dazu beitragen, die frohe Botschaft des Evangeliums zu vermitteln.

Das wechselnde Schaubild dominiert meist den ganzen Kasten und bestimmt wesentlich, welchen Eindruck der Betrachter bekommt. Es lohnt sich also, bei der Ideenfindung und der Ausführung viel Sorgfalt, Kreativität und Mühe zu investieren. Im Rahmen der jeweiligen Möglichkeiten sollte immer eine optimale Gestaltung angestrebt werden. Ein gelungenes Schaubild beeindruckt nicht nur den Betrachter, sondern macht auch dem Gestalter Freude. Mit weniger sollte sich keiner von uns zufrieden geben.

4. Basis-Elemente der Gestaltung

Die Aufgaben eines Schaukastens können im Wesentlichen an vier Elementen verdeutlicht werden:

Blickfang,
Hauptaussage,
Zusatzinformation zum Thema,
Gemeindeinformation.

Die englischen Begriffe dieser vier Elemente kann man sich mit dem Wort »AIDA« merken:

A = attention = Aufmerksamkeit
I = interest = nähere Beachtung
D = desire = Wunsch wecken
A = action = Inanspruchnahme des Angebotes

Die Rangfolge der einzelnen Elemente:
Diese Elemente stehen nicht gleichwertig nebeneinander. Sie sollen auch nicht gleichmäßig im Schaukasten verteilt werden, sonst ähnelt er mehr einer Pinnwand.
Damit sich eine Spannung aufbaut, müssen sie in Beziehung zueinander gesetzt werden.

Das prägnanteste Element unseres Kastens ist der **Blickfang**. Wie der Name schon sagt, soll er sofort ins Auge springen und Aufmerksamkeit erregen.

Die **Hauptaussage** sollte ebenfalls schnell zu erfassen sein. Sie besteht meist aus einem kurzen allgemein verständlichen Slogan oder zwei Aussagen, die als Kontrast gegenübergestellt werden. Man kann sie als Überschrift verstehen, die den Betrachter dazu bewegt, näher ranzugehen, um auch die weiteren Informationen zu lesen.
Das »Kleingedruckte«, nämlich die erklärende **Zusatzinformation** zum Thema wird erst beim näheren Hinsehen erkennbar. Beim Betrachter soll damit der Wunsch geweckt werden, sich mit der Botschaft weiter zu beschäftigen. Besteht dann noch Interesse an den **Veranstaltungshinweisen** und erfolgt daraufhin auch der nächste Schritt, das Angebot der Gemeinde in Anspruch zu nehmen, hat der Schaukasten seine eigentliche Aufgabe erfüllt und »Zubringerdienst« geleistet, dass Menschen Gott näher kommen.

5. Kriterien für die Botschaft

5.1. Die Botschaft soll ansprechend sein

Was wir den Passanten mitteilen möchten, muss zunächst einmal ihr Interesse wecken und sie dann motivieren, die Aussage zu lesen. Ein besonders herausgehobenes Wort z. B. kann wie ein Blickfang wirken und die Betrachter neugierig machen auf den ganzen Text.

Allgemein bekannte Sätze aus der Bibel können durch Verwendung anderer Wörter gleich ganz neu klingen, obwohl dasselbe ausgesagt wird. Das übliche »glauben« kann manchmal besser mit »vertrauen« oder »sich anvertrauen« übersetzt werden.
Bibelverse wie »Ich bin der gute Hirte« oder »Der Herr ist auferstanden« werden häufig aus Gewohnheit überlesen. Sie wirken uninteressant, wenn sie nicht durch eine besondere Gestaltung attraktiv »verpackt« werden. Auch das Wort »Liebe« allein ist so nichtssagend, dass man es mit einem erläuternden Bild oder einem Beispiel aus dem Erlebnisbereich der Zielgruppe verbinden muss.
Was denken sich wohl Menschen, wenn sie lesen »Jesus liebt Dich«? Diese Aussage ist so umfassend, dass wir versuchen sollten, sie mit einem Beispiel zu erläutern.
Die Verknüpfung mit dem Alltag weckt Interesse und kann den Zugang und das Verständnis für biblische Wahrheiten fördern.

5.2. Die Botschaft muss verständlich sein

Die meisten unserer Mitbürger beschäftigen sich nur ganz selten mit geistlichen Fragen und biblische Wahrheiten gehören nicht mehr zum Grundwissen. Man sollte auch nicht voraussetzen, dass sie die »Sprache Kanaans« verstehen. Darum muss die Aussage des Schaubildes leicht verständlich sein. Wird ein Bibelvers gebraucht, ist eine moderne Übersetzung zu empfehlen. Auf eine Stellenangabe – z.B. 1. Kor 13,4-7 – kann man getrost verzichten, weil sie von den meisten Passanten ohnehin nicht verstanden wird. Als Quelle gibt man schlicht an: Bibel, bzw. Worte Jesu aus der Bibel.
Es ist schon eine große Herausforderung, die Botschaft so zu verpacken, dass sie attraktiv gestaltet und auch leicht verständlich ist.
Enthält der Schaukasten nur allgemein Bekanntes und simple Aussagen, die selbstverständlich sind, wirkt er langweilig oder gar primitiv. Werden jedoch zu viel verfremdende Elemente angewandt, wird die Botschaft oft nicht verstanden. Die meisten Betrachter sind schon überfordert, wenn verschiedene Aspekte eines Sachverhaltes darge-

stellt werden. Auf der Straße kann man sich in der Regel nicht konzentrieren. Bei der heutigen Informationsflut können die meisten Menschen sowieso nur kurze, einprägsame Aussagen behalten.
Eine ansprechende Verknüpfung von alltäglichen Dingen mit geistlichen Inhalten erzielt meist die beste Wirkung. Der Betrachter sieht Bekanntes in einem neuen Zusammenhang und wird hoffentlich zum Weiterdenken angeregt. Beispiel: Wasser zum Trinken – Wasser zum Leben. (Farb-Foto Nr. 19)

Viele biblische Aussagen, die für uns eine klare Bedeutung haben, werden von den gemeindefremden Menschen oft gar nicht verstanden oder mit anderem Inhalt gefüllt.
Wir verstehen z. B. unter »wahrem Leben« die Lebensgemeinschaft mit Jesus Christus. Für die anderen Menschen kann es aber Reichtum, Erfolg, Genuss oder Selbstverwirklichung bedeuten.
Wenn Bibelverse zitiert werden, dürfen wir uns die Freiheit nehmen, sie für das Verständnis der Betrachter zu »übersetzen«, damit der Sinn erfasst wird.
In dem Vers »Bei dir ist die Quelle des Lebens« (Ps 36,10) müssen wir »dir« durch »Gott« ersetzen, damit klar wird, auf wen sich die Aussage bezieht.
Auch Formulierungen, die nur Bibelkundigen noch geläufig sind, sollten wir durch solche ersetzen, die heute gebraucht werden. Von manchen Begriffen wie »segnen« oder »Heil« haben die Menschen heute keine konkrete Vorstellung mehr. Wir sollten sie im Schaukasten am besten umschreiben oder mit Inhalt füllen, z. B. durch ein Bild.
Statt »Was hülfe es dem Menschen ...« schreiben wir besser »Was hat ein Mensch davon ...«
Moderne Übersetzungen, z. B. »Die Gute Nachricht« und »Hoffnung für alle«, können uns da eine wertvolle Hilfe sein.

5.3. Die Botschaft sollte möglichst positiv sein

Wenn wir unserem Gesprächspartner etwas Wichtiges mitteilen, unterstreichen wir die Worte durch unsere Mimik. Ein freundliches Lächeln fördert die Bereitschaft zum Zuhören. Auf das Medium des Schaukastens übertragen bedeutet das: Wir wollen

versuchen, mit der passenden Wortwahl und der ansprechenden grafischen Gestaltung den Betrachter positiv zu motivieren und für die Botschaft aufzuschließen.
Beispiel: Die Tatsache, dass ein Mensch nur durch Jesus Christus zu Gott kommen kann, wird in der positiven Version »Der Weg zu Gott ist frei durch Jesus Christus« viel eher vom Betrachter akzeptiert, als die Aussage »Ohne Jesus kommst du nicht zu Gott«.
Wir wollen die Leute ja nicht an den Pranger stellen, sondern ihnen die Verbindung mit Gott und den Kontakt mit Christen »schmackhaft« machen.
In der Werbung wird auch das Produkt, das gekauft werden soll, mit angenehmen Erlebnissen und Situationen verknüpft.

Die Aufforderung »Denk an deine letzte Stunde!« oder die Feststellung »Heute fängt der Rest deines Lebens an«, mag bei einigen Betrachtern vielleicht einen heilsamen Schock bewirken. Viele werden solche Aussagen aber als plump und zudringlich empfinden und innerlich »dicht« machen. Wer will sich schon gerne belehren lassen!
Der Impuls, sich mit dem Tod auseinander zu setzen, kann auch positiver angesprochen werden. (Farb-Foto Nr. 39)

Das Evangelium von der Rettung durch Jesus Christus ist die beste Botschaft der Welt. Diese »Frohe Botschaft« sollten wir nicht als »Drohbotschaft« verkünden und die Menschen damit verprellen. Wir dürfen aber die biblische Wahrheit auch nicht »verwässern«.
Die Aufforderung Jesu: »Kehrt um und glaubt an das Evangelium!« darf nicht abgeschwächt oder relativiert werden. Durch eine originelle »Verpackung« können wir aber beim Betrachter die Bereitschaft wecken, diese Herausforderung nicht gleich abzulehnen. (Farb-Foto Nr. 17)
Selbstverständlich gibt es auch Aussagen, die erst dann prägnant wirken, wenn sie eine Negation einschließen.
Beispiel: »Ohne Gottes Liebe ist bald die Luft raus!« (Farb-Foto Nr. 21)

5.4 Die Botschaft muss kurz sein

Der Grundsatz »Weniger ist mehr« gilt auch für die Schaukastenarbeit. Der Text soll schnell zu erfassen sein, denn nur selten wird sich ein Vorübergehender Zeit nehmen fürs »Kleingedruckte«, wenn er nicht gleich merkt, worum es geht. Im Kurzzeitgedächtnis können maximal fünf bis sieben Eindrücke gleichzeitig verarbeitet werden. Deshalb müssen wir uns auf die zentralen Aussagen beschränken und die Bildelemente übersichtlich anordnen. Manchmal sind wir versucht, den Menschen durch ausführliche Erklärungen den Zugang zum Glauben an Jesus Christus zu erleichtern. Weil das Schaukastenbild aber nicht die Predigt ersetzen kann, braucht es auch nicht dem Anspruch zu genügen, alles genau zu erklären. Fragen dürfen ruhig offen bleiben. Dann wird hoffentlich das Interesse geweckt, sich weiter zu informieren.

5.5. Die Botschaft muss wahr sein

Bei einem Schaubild können wir die Botschaft oft nur verkürzt wiedergeben. Die Konzentration auf wenige Worte erfordert eine Beschränkung auf das Wesentliche der Aussage. Auch in der Kurzfassung muss aber alles, was mitgeteilt wird, mit der Gesamtbotschaft der Bibel übereinstimmen und auch sonst der Wahrheit entsprechen. Beispiel: »Wer Jesus liebt, hat immer Grund zur Freude« (Schw.-W.-Foto Nr. 8, S. 80) stimmt, weil in diesem Fall die Freude in der Beziehung zu Jesus gründet. Es wäre aber falsch, zu behaupten: »Wer Jesus liebt, hat immer Freude.«
Das reizvolle Wortspiel WER DENKT, DER DANKT, das von weitem zu lesen ist, kann nur vertreten werden durch einen erklärenden Zusatz. (Farb-Foto Nr. 36)

5.6. Die Botschaft soll aktuell sein

Im Jahresablauf gibt es durch die christlichen Feste und die Jahreszeiten auch für die Schaukastengestaltung schon Vorgaben. Ende Januar sollte also der Betrachter nicht mehr das Weihnachtsbild im

Kasten finden, sonst merkt er gleich, dass die Gemeinde nicht gerade »up to date« ist.
Es kann aber auch mal im Sommer bewusst »schockiert« werden: »Man braucht keinen Schnee, keinen Weihnachtsbaum und nicht den 24.12., um sich über Jesu Geburt zu freuen!« Die Bibel legt uns ja nicht fest auf den Dezember. Solche unüblichen Gestaltungen können besonders Aufsehen erregen, sollten aber die Ausnahme sein.

Für die christlichen Feste finden Sie in diesem Buch mindestens einen Vorschlag für ein Schaubild.

Wenn an Ihrem Ort eine große Veranstaltung in aller Munde ist oder in der Nachbarschaft ein besonderes öffentliches Fest gefeiert wird, bietet es sich an, die Schaukastengestaltung darauf abzustimmen.
Eine Olympiade oder Fußball-WM eignen sich auch für eine passende Gestaltung.

Die Beschäftigung mit den Slogans der kommerziellen Werbung kann uns auf die Spur bringen, was unsere Mitmenschen bewegt. Wir bekommen dann oft gute Ideen, die immer gültige Botschaft des Evangeliums zeitgemäß zu verpacken.

6. Der Gestalter oder das Schaukasten-Team

6.1. Welche Voraussetzungen werden erwartet?

Nur wer selbst von einer Sache begeistert ist, kann sie mit Überzeugung anderen weiterempfehlen. Wer biblische Wahrheiten in Schaubildern mitteilen will, muss sich zunächst selbst davon ansprechen lassen und hinter der geistlichen Aussage stehen.
Personen, die den Schaukasten-Dienst übernehmen, müssen keine

künstlerischen Profis sein. Die Freude am kreativen Gestalten, handwerkliche Geschicklichkeit und die Offenheit für neue Ideen sind aber Voraussetzung dafür, dass der Gestalter mit Begeisterung ans Werk geht und das fertige Schaubild etwas davon ausstrahlt. In diesem Buch wollen wir Sie ermutigen und Ihnen neue Impulse geben, damit die Arbeit nicht als drückende Last empfunden wird, sondern Ihnen selbst und anderen Freude macht.

Wer mit offenen Augen und Ohren die alltäglichen Dinge und die besonderen Ereignisse auf ihre »Schaukasten-Tauglichkeit« testet, wird bald eine Fülle von Anregungen bekommen. Dann beginnt die spannende Aufgabe, diese Ideen zu sortieren und das Geeignete in Wort und Bild umzusetzen.
Die gesamte Phase des »Ausbrütens« – von der ersten Idee bis zur fertigen Gestaltung – kann sich manchmal über Wochen oder Monate erstrecken. Deshalb sollte man möglichst vorausschauend planen und manchmal schon etwas im Vorrat haben. Es ist schade, wenn solch ein kreativer Vorgang im »Hauruck-Verfahren« abgekürzt wird, weil die Zeit drängt.
Die Herstellung eines Schaubildes kann als spannender Prozess erlebt werden, bei dem ständig neue Impulse getestet, umgesetzt oder verworfen werden. Bei der Gestaltung kommen oft spontan neue Ideen, und auch Einschränkungen durch vorgegebene Begrenzungen oder Materialien, die nicht optimal sind, können zu positiven Änderungen anregen. Selbst kleine Missgeschicke beim Arbeiten führen den Schaukastengestalter manchmal zu Versionen, die besser sind, als zunächst vorgesehen.
Die spannende Herstellungsphase und die Freude über ein gelungenes Schaubild geben immer wieder neue Motivation und ermutigen, den Aufwand an Zeit zu verkraften.

Bitten Sie auch öfter mal neutrale Betrachter, ihre Meinung zu den Schaubildern zu äußern. Das bewahrt vor »Stallblindheit«, und durch das Umsetzen der konstruktiven Kritik kann die Arbeit noch besser werden.

Leider kommt nur selten ein anerkennendes Wort oder ein positives Echo beim Gestalter an. Dadurch sollte sich aber niemand entmutigen

lassen. Machen wir uns bewusst, dass dieser Dienst nicht zur Selbstverwirklichung und eigenen Ehre geschieht, sondern nur dann seinen eigentlichen Zweck erfüllt, wenn Gott ihn gebraucht, um dadurch Menschen anzusprechen.
Deshalb sollten wir auch im Gebet mit Gott darüber sprechen, dass er uns gute Ideen gibt, uns bei der Ausführung leitet und durch den Schaukasten zu den Passanten spricht.

6.2. Wie kann die Arbeit erleichtert werden?

Da es für eine Person manchmal eine Überforderung ist, immer wieder nach einigen Wochen den Kasten neu zu gestalten, kann ein **Team** sich die Arbeit teilen. Das bewahrt vor Einseitigkeit und befruchtet gegenseitig durch die unterschiedliche Sichtweise und konstruktive Kritik. Es hat sich in der Praxis bewährt, dass jeder Mitarbeiter nach seiner persönlichen Konzeption sein eigenes Schaubild anfertigt. Wäre jedes Mal das ganze Team daran beteiligt, kostete es zu viel Zeit, auf einen gemeinsamen Nenner zu kommen. Gerade die Abwechslung durch verschiedene Stile ist reizvoll und spricht auch eher die unterschiedlichen Typen der Betrachter an.
Sinnvoll ist eine Zusammenarbeit von **Teams aus benachbarten Gemeinden.** Durch den Austausch kommen dann Schaubilder mehrmals zum Einsatz und die relativ teuren Geräte, wie z.B. Styroporschneider, können effektiver genutzt werden. Es sollte aber eine Person die Gesamtverantwortung übernehmen und alles koordinieren.

6.3. Die Wartung des Kastens

Ebenso wichtig wie die Gestaltung des Kastens ist die Wartung, damit auch der äußere Zustand beim Betrachter einen positiven Eindruck hinterlässt. Das Putzen der Scheibe ist wohl selbstverständlich und erfolgt nach Bedarf meist bei der Neugestaltung des Schaubildes. Es ist ratsam, auch hin und wieder nachzuschauen, ob Teile der Dekoration verrutscht oder heruntergefallen sind. Manche Schaukästen werden auch häufig beschmiert, beklebt oder es wird sogar die Scheibe kaputtgeschlagen. Bitten Sie deshalb mehrere Personen, öfters »nach dem

Rechten« zu sehen und wenn möglich, selbst den Schaden zu beheben oder Ihnen Mitteilung zu machen.

6.4. Wer trägt die Kosten?

Einige Gedanken nun zum finanziellen Aspekt. Eine Gemeinde, die den Auftrag Jesu zur Verkündigung des Evangeliums ernst nimmt, ist auch bereit, für diese Form der Öffentlichkeitsarbeit Geld zur Verfügung zu stellen. Ist das bei Ihnen noch nicht der Fall, haben Sie ruhig den Mut, darauf hinzuweisen. Wenn man darauf vertrauen kann, dass Sie verantwortungsbewusst mit dem Material und den Geräten umgehen, sollte die Finanzierung kein Problem sein. Manche Gemeinden haben ein Budget dafür vorgesehen. In der Praxis ist es aber oft einfacher, kleinere Beträge selbst zu bezahlen, da man ja sonst auch Geld spendet.

In manchen Städten sind an belebten Plätzen Schaukästen oder Vitrinen aufgestellt, die man mieten kann.
Wenn der Mietpreis akzeptabel ist und kreative Personen den Dienst verantwortlich übernehmen, wird die Gemeinde in der Regel auch solch eine zusätzliche missionarische Möglichkeit finanzieren.

B Praktischer Teil

1. Der Schaukasten

1.1. Was finde ich vor?

Durch die äußeren Gegebenheiten des Schaukastens wird der Gestalter in seiner Kreativität manchmal stark eingeschränkt oder sehr herausgefordert – je nachdem, was er vorfindet.

Wurde Ihnen die Verantwortung für einen Kasten anvertraut, der allgemein gute Voraussetzungen erfüllt, dann können Sie freudig ans Werk gehen.

Hat der Kasten aber einige Mängel, sollten Sie trotzdem nicht mutlos werden und im Rahmen der gegebenen Möglichkeiten versuchen, das Beste zu gestalten. Wenn Sie dann hin und wieder einigen Verantwortlichen der Gemeinde schildern, was unter günstigeren Gegebenheiten noch verbessert werden könnte, wird sich die Situation hoffentlich bald ändern.

Manche Kästen sind so klein, dass neben die ständigen Mitteilungen gerade mal ein DIN-A3-Blatt passt. Ist zwischen Scheibe und Rückwand auch kaum ein Zwischenraum vorhanden, muss man sich leider auf eine »platte« Gestaltung beschränken.

Es ist ebenfalls bedauerlich, wenn besonders an den Winterabenden der Kasten nicht wahrgenommen wird, weil keine Beleuchtung vorhanden ist.

In den meisten Fällen liegt das negative Erscheinungsbild aber gar nicht an den äußeren Gegebenheiten, denn die Kästen sind oft groß genug für ein attraktives Schaubild. Wie schade, wenn Passanten dann nur ein »Anschlagbrett« mit vielen kleinen Zetteln vorfinden oder ein lieblos angepinntes Poster, damit der Kasten nicht ganz leer ist.

1.2. Wie könnte es besser werden?

Vielleicht wurde bisher noch kein größerer Kasten angeschafft, weil niemand seine Bereitschaft kundgetan hat, die Verantwortung für eine anspruchsvollere Gestaltung zu übernehmen. Ist das Ihre Situation? Dann hoffen wir, dass dieses Buch Sie motiviert und auch in Ihrer Gemeinde bald ein Schaukasten installiert wird, der diesen Namen verdient.

Ideal wäre ein Schaukasten von ungefähr 160 cm **Breite** und 120 cm **Höhe** (Sichtfläche 150 x 109 DIN A0).

Die meisten modernen Kästen haben auch eine **Tiefe** von etwa 10 cm. Dadurch ist eine halbplastische oder sogar vollplastische Gestaltung mit Gegenständen möglich, was die Attraktivität wesentlich steigert. Wenn Passanten beim Näherkommen den Kasten zunächst nur von der Seite sehen, wird ihr Interesse geweckt, weil schon einzelne räumliche Elemente zu erkennen sind.

Eine Lichtquelle zieht bei Dunkelheit immer die Blicke an. Deshalb ist die **Beleuchtung** kein »Luxus«, sondern sollte zur Grundausstattung gehören oder nachträglich noch eingebaut werden.

Die meisten Schaukästen haben eine Rückwand, die für **Magnethaftung** ausgestattet ist. Zettel und Poster lassen sich mit kleinen Magneten leicht befestigen, aber man kann daran leider keine Deko-Objekte feststecken. Um dies zu ermöglichen, könnte die Rückwand des Kastens ganzflächig beklebt werden mit einer strapazierfähigen Schicht (z. B. aus dickem Nadelfilz), in der auch Stecknadeln gut halten.

Eine bessere Empfehlung:

Hintergrundplatten als variable Rückwände

Damit werden Sie unabhängig von dem, was Sie in Ihrem Kasten vorfinden. Weitere Hinweise dazu unter B 2.2. und 6.1.

Damit der Schaukasten auch nach Jahren noch ansprechend wirkt, sollte der Zahn der Zeit keine Rostspuren hinterlassen. Für Kästen im Freien ist Wetterfestigkeit eine Grundbedingung. Die modernen Aluminiumkonstruktionen sind da am besten geeignet. Die Scheibe sollte auch möglichst dicht schließen, damit bei Beleuchtung an Sommerabenden nicht Scharen von Insekten durch die Ritzen kriechen und bei Regenwetter nicht so viel Feuchtigkeit eindringt.

Bezugsquellen und Informationen über Schaukästen erhalten Sie auf Seite 180.

2. Die Grundausstattung

2.1. Richtiges Handwerkszeug

Auch für den Schaukastengestalter ist das passende Handwerkszeug eine große Hilfe für die erfolgreiche Arbeit.
Wir nennen Ihnen einige Geräte und Werkstoffe, die außer den sonst üblichen Schreibtischutensilien zu empfehlen sind:

a) Zum Schneiden

Skalpell- und Cutter-Messer verschiedener Breite.
Metallschiene oder -lineal. (Beim Kunststofflineal könnte man mit der scharfen Klinge reinschneiden.)
Schneideplatte oder feste Unterlage. Als Behelf dienen dicke Lagen Zeitungspapier.
Wenn möglich: **Hebel-Papierschneidemaschine** (am besten bis zum DIN A3-Format).
In manchen Copy-Shops kann man diese benutzen.

b) Zum Schreiben und Malen

Wasserfeste und lichtechte Stifte in unterschiedlicher Stärke. Farbige Spiritusstifte verblassen bei intensivem Sonnenlicht, auch wenn »permanent« daraufsteht. Schwarz ist aber dauerhafter.
Lackstifte (paint marker) sind besonders geeignet.

Wasserfarben, wie sie für den Schulgebrauch üblich sind, decken nicht sehr gut.

Dispersionsfarbe ist eher zu empfehlen. In Plastikflaschen kann man sie in vielen Farbtönen im Baumarkt kaufen. Sie ist preiswerter als Acryl- oder Plakafarbe in kleinen Gläschen. Verschließt man die Flasche sorgfältig (Deckel und Gewinde gut abwischen), ist die Farbe jahrelang haltbar. Die Farben lassen sich gut untereinander mischen, sind deckend, lichtecht und nach dem Trocknen wasserfest. Sie haften auf fast jedem Untergrund und sind auch für Styropor bestens geeignet. Man kann sie mit einem Borstenpinsel aufstreichen oder mit einem Schwamm auftupfen.

Fingerfarbe in Plastiktöpfchen gleicht mehr einer Paste. Sie ist für Stempel- und Schablonendruck gut zu verwenden.

Borstenpinsel sind preiswert und bei sachgemäßer Pflege lange haltbar. Verschiedene Breiten und Stärken sollte man vorrätig haben.

Haarpinsel gehören ebenfalls zur Grundausstattung. Damit lassen sich feine Details malen.

Schwämme erleichtern das Aufstreichen oder Auftupfen der Farbe auf großen Flächen.

c) Zum Befestigen

Stecknadeln mit dünnen Metallköpfen und farbigen Plastikköpfen. Stabile Markier- und Deko-Nadeln.

Reißzwecken mit farbigen Kunststoff-Plättchen oder einfach nur aus Metall.

Perlonfäden verschiedener Stärke (Nähfaden und Drachenschnur) zum unsichtbaren Befestigen.

Kleber: Gebräuchliche Alleskleber, Kontaktkleber und alle Kleber, die aushärten, haben den Vorteil, dass sie gegen Hitze, Kälte und Feuchtig-

keit unempfindlich sind. In einem Außen-Schaukasten herrschen oft extreme Temperaturen.
Tesafilm, doppelseitiges Klebeband, Klebepaste o. Ä. sind nicht witterungsbeständig und können sich bei Hitze oder Kälte lösen. Für die Schaukastenarbeit sind sie nur da zu verwenden, wo keine Spannung in der Klebverbindung herrscht.
Beim Verkleben von Styropor darf der Kleber keine Lösungsmittel enthalten, weil sie das Material angreifen. Man benötigt aber keinen Spezialkleber, da heute viele Kleber ohne Lösungsmittel hergestellt werden.
»UHU-flinke Flasche« (mit dem Vermerk »lösungsmittelfrei«) ist dafür geeignet, aber »Pattex« nicht, denn es löst Styropor auf.

Tapetenkleister ist gut zu gebrauchen für das plastische Modellieren mit Pappmaché.

Zum Aufkleben von großen Papierflächen gibt es bessere Lösungen:

Sprühkleber aus der Spraydose eignet sich für das ganzflächige Verkleben von großen Flächen.

Doppelseitig klebende Folie oder Kaltlaminierfolie ist besonders zu empfehlen, wenn man Poster, Fotos und andere dünne Papiere aufkleben will.

Der Vorteil:	Kontakt-Haftung auf der gesamten Fläche, die Trägerfläche verzieht sich nicht, das Papier wellt sich nicht, kein Verschmieren von Klebstoff an den Rändern.
Der Nachteil:	relativ teuer.

Klettband ist gut zu gebrauchen zum Befestigen der Hintergrundplatten an der Rückwand des Kastens.
Man kann damit auch gut einzelne leichte Teile auf einem angerauten Untergrund (z.B. Molton) anheften und später wieder leicht entfernen. Bei zweiteiligem Klettband mit einer Klebeschicht ist es ratsam, Nadeln zum Fixieren zu benutzen, da der Kleber allein nicht so gut hält.

Heißklebe-Pistole. Sie ist praktisch zu handhaben und recht preisgünstig. Der Kleber trocknet sehr schnell und ist gleich fest. Damit kann man auch schwerere Teile und solche, die nicht plan aufeinander liegen, gut befestigen.

2.2. Geeignetes Material

Weil ständig neue Materialien entwickelt werden, können wir in diesem Buch gar nicht die ganze Palette des Angebots erwähnen. Wir nennen hier überwiegend Werkstoffe, die häufig gebraucht werden und mit denen wir schon praktische Erfahrungen gemacht haben. Probieren Sie selbst aus, was für Ihren Schaukasten am besten geeignet ist, und wagen Sie es auch ruhig, mit ganz neuen Materialien zu experimentieren. Bei der praktischen Anwendung erfährt man am ehesten die Vorzüge und eventuellen Nachteile.

a) Für die ständige Information

Der Informationsteil mit den regelmäßigen Veranstaltungen hat in den meisten Fällen einen festen Platz im Schaukasten. Weil er manchmal jahrelang dort bleibt, lohnt es sich, haltbares Material dafür auszuwählen.

Rillenprofiltafeln mit **Steckbuchstaben** und **-zahlen** haben sich bewährt. So können terminliche Veränderungen problemlos erfolgen. Diese Tafeln gibt es in mehreren Farben und Ausführungen. Hat Ihr Schaukasten eine Fläche für Magnethaftung, ist eine Rillenprofiltafel mit Magnetgummi auf der Rückseite ideal anzubringen.
Für andere Hintergründe gibt es die Tafeln zum Kleben oder Anschrauben.

Plexiglasscheiben oder **PVC-Hartschaumplatten** können gut mit **Folienbuchstaben** beklebt werden. Für Änderungen lassen sich die Buchstaben leicht wieder ablösen. Hat der Hintergrund des Kastens eine helle Farbe und schöne Struktur, kann die Scheibe glasklar sein.

Dadurch wirkt ein kleiner Schaukasten größer, weil die Fläche dann optisch einheitlicher ist. Eine Anbringung mit etwas Distanz zur Grundfläche lässt alles plastischer erscheinen.

Ist die ständige Information auf einem Blatt ausgedruckt, sollte sie nicht bloß mit Nadeln festgesteckt werden.
Wir empfehlen ein Verstärken durch Folien:

Laminierfolie schützt das Papier und gibt ihm die nötige Stabilität.
Im Bürohandel gibt es Folien mit einer Klebschicht, die auch ohne Laminator zum Kaschieren benutzt werden können. Die Folien sind preisgünstig und die Handhabung ist ganz einfach – auch ohne weitere Hilfsmittel.

Für den **Laminator** gibt es spezielle Laminierfolien (auch in DIN A3).
Durch Erhitzen wird das Papier völlig mit Folie eingeschweißt und dauerhaft vor Staub und Feuchtigkeit geschützt.
Man bekommt auch Folien mit einer Klebschicht auf der Rückseite.
Um den störenden Spiegeleffekt zu vermeiden, sollten möglichst spiegelfreie Folien benutzt werden.
(Leider werden oft nur glänzende Folien angeboten.)

b) Für die aktuelle Einladung

Wenn für besondere Veranstaltungen Plakate und Handzettel gedruckt wurden, sollen sie meist nur für einige Tage im Schaukasten hängen.
Das trifft auch zu, wenn Veranstaltungshinweise häufig wechseln oder sogar jede Woche ein aktuelles Programm aufgehängt wird.
Pinnt man diese dünnen Zettel nur mit Stecknadeln an, wellen sie sich schnell. Für eine Befestigung, die ordentlicher wirkt, bieten sich verschiedene Lösungen an:

Posterschienen geben dem Blatt oben und unten Halt, damit es gerade hängt. Durchsichtige Schienen passen immer. Mit farbigen kann man noch Akzente setzen.
Akten-Hüllen aus nicht reflektierender Folie sind gut zu gebrauchen.
Sie haben meist die Größe für DIN A4-Blätter. Man bekommt sie aber auch im DIN A3-Format.

Plakat-Taschen oder **Acryl-Hüllen** aus glasklarem, entspiegeltem PVC mit Aufhängeösen oder Löchern sind noch etwas stabiler.

Plakat-Rahmen können farbliche Akzente setzen und geben einen festen Halt. Vor dem Einschieben muss das dünne Papier aber stabilisiert werden durch Laminierfolie oder eine Sichthülle.

Weitere Tips dazu finden Sie unter B 6.2.

c) Für das wechselnde Schaubild

Styropor ist *der* ideale Werkstoff für den Schaukasten. Die Hartschaumplatten aus Polystyrol bestehen fast zu 98% aus gespeicherter Luft, sind also extrem leicht und trotzdem stabil und gut zu bearbeiten. Im Baumarkt bekommt man die Platten von 50 x 100 cm und in Stärken von 15–30 mm relativ preiswert. Weil Styropor völlig unempfindlich ist gegenüber Feuchtigkeit, Hitze und Kälte, behält es immer die Form und verzieht sich nicht. Das ist ein großer Vorteil bei Schaukästen, die der Witterung ausgesetzt sind.
Ein interessanter Effekt ist auch die gute Reflektion des Lichtes. Bei abendlicher Beleuchtung strahlt das Weiß richtig, besonders an den Schnittkanten, die vom Licht erhellt werden. Das Schaubild wirkt dadurch noch attraktiver.
Um einen farbigen Hintergrund zu erhalten, kann man die Styroporplatte entweder direkt mit Dispersionsfarbe anstreichen oder sie mit Stoff bespannen. Tipps dazu unter B 6.1.
Mit dem Cutter sollte man nur ganz dünnes Styropor schneiden, da es sonst krümelt und kein glatter Schnitt entsteht.
Wer versucht, mit dem Messer dickere Platten zu bearbeiten, erfährt die Sprödigkeit des Materials und kann sich bald kaum retten vor den statisch aufgeladenen kleinen weißen Bröseln, die überall zu kleben scheinen.
Am besten ist es, Styropor nicht kalt zu schneiden, sondern heiß zu schmelzen.
Optimal ist ein elektrisches Tischgerät mit Platte, Bügel und Schneidedraht. (Skizze Seite 37)
Selitron ist aus besonders feinporigem Polystyrolschaum hergestellt und hat eine ganz glatte Oberfläche.

Im Baumarkt bekommt man es als Faltplatten von 125 x 80 cm und in den Stärken 3 mm und 6 mm.
Man benutzt es meist als Isolier- oder Untertapete.
Dieser Werkstoff eignet sich sehr gut zum Ausschneiden von Buchstaben mit dem Styroporschneider.
Dünne Platten lassen sich auch mit dem Messer oder der Schere schneiden.

Dämmplatten bestehen aus einem Weichfasermaterial und sind im Baumarkt, in Tischlereien oder Holzhandlungen zu haben. In der Stärke von 12–15 mm eignen sie sich als Hintergrundplatten. Man kann sie leicht mit Stoff beziehen. Deko-Objekte lassen sich daran gut mit Nadeln anstecken. Das Material ist aber empfindlich gegenüber Nässe, weil es aus Naturfasern besteht.

Korkplatten, wie man sie von Pinnwänden kennt, lassen sich ebenfalls als Hintergrundplatte verwenden. Die Maserung in verschiedenen Brauntönen kann bei manchen Schaubildern sehr lebendig wirken, bei anderen ist sie zu unruhig und störend. Leider bleicht Kork mit der Zeit stark aus.
Besonderer Vorteil: Stecknadeln halten gut und hinterlassen auf Kork keine Einstichlöcher.

KAPA-Line ist eine extrem leichte Hartschaumplatte mit beidseitig weißer Deckschicht. Das Material ist unempfindlich gegenüber Feuchtigkeit und verzieht sich nicht. Die glatte Oberfläche kann gut mit Filzstiften beschrieben, mit Farbe bemalt oder mit Folie beklebt werden.
Besonders geeignet ist dieses Material auch für die Encaustic-Technik.
Beschreibung unter B 7.3. und Farb-Foto Nr. 29

KAPA-Fix hat einseitig oder beidseitig eine Klebeschicht. Darauf lassen sich sehr gut Poster oder Fotokopien aufziehen.
Es gibt die KAPA-Platten in 70x100 cm und in Stärken von 3–15 mm.
Der Nachteil: relativ teuer.

Plakatkarton (400 g/qm) ist ein elastischer, einseitig farbbeschichteter Karton, der sich noch gut mit einer Schere oder einem Cutter schneiden lässt. Er wird in zwei Größen angeboten: 48 x 68 cm und

68 x 96 cm. Die Oberfläche ist matt und empfindlich gegenüber Fingerabdrücken und Bleistiftstrichen, die wieder radiert werden. Es gibt eine breite Farbpalette – auch Leuchtfarben. Die Farbschicht ist lichtecht und verändert sich auch bei starker Sonneneinstrahlung kaum. Man kann das Schaubild noch nach Jahren wieder verwenden.

Fotokarton ist durchgefärbt und gut zu verarbeiten. Bei starkem Sonnenlicht verblasst er aber bald.

Tonpapier ist für den Schaukasten wenig geeignet, weil es schnell die Farbe verliert.

Moosgummi lässt sich gut schneiden und dekorativ gestalten. Es wird durch intensive Sonne aber allmählich blasser.

Wellpappe ist ein großer Favorit der Bastelfreunde. Dieses Material verbindet auf ideale Weise Flexibilität und Stabilität. Durch den Schatteneffekt der Oberflächenprägung wirkt Wellpappe im Schaukasten sehr dekorativ. Das geringe Gewicht und die leichte Verarbeitung mit Schere und Cuttermesser sind ein weiterer Vorzug. Wellpappe eignet sich besonders für plastische Gestaltungen. (Schw.-W.-Fotos Nr. 6, S. 78 und Nr. 7, S. 79)

Klebefolien werden in großer Farbpalette angeboten. Neben glänzenden Oberflächen gibt es auch strukturierte und solche mit Velours. Man kann damit die ganze Grundfläche bekleben oder nur einige farbige Akzente setzen.
Zum Ausschneiden von Buchstaben ist Klebefolie sehr gut geeignet.

Stoffe sind vielfältig zu gebrauchen.
Weich fließende Seide, Tüll, Panne-Samt o. Ä. eignen sich besonders zum dekorativen Drapieren. Für das Bespannen der Hintergrundplatten bieten sich Molton, Jute und andere einfarbige feste Stoffe an. Panne-Samt kann man auch dafür nehmen, wenn der glänzende Effekt gut zum Schaubild passt.
Da ständig neue Materialien entwickelt werden, ist es ratsam, hin und wieder in Bastel-, Hobby- und Dekogeschäften nach Brauchbarem Ausschau zu halten und damit zu experimentieren.

3. Geräte zur Ergänzung

In den letzten Jahren haben **Kopierer, Computer, Farbdrucker** und andere Geräte, die für Schaukasten-Gestalter hilfreich sind, eine enorme Verbreitung gefunden. Falls Sie selbst solche Geräte nicht besitzen, besteht sicher die Möglichkeit, in der Gemeinde, bei Bekannten oder in den Copy-Shops davon Gebrauch zu machen. Für die Schaukastenarbeit eröffnen sich dadurch ganz neue Perspektiven.

3.1. Fotokopiergerät

Ein Kopiergerät ermöglicht die Vervielfältigung, die Vergrößerung oder Verkleinerung von Bildern, Buchstaben, Wörtern oder ganzen Zeilen, die man sich aus einem gedruckten Text ausschneiden kann.
In vielen Gemeinden wird ein Schwarz-Weiß-Kopierer vorhanden sein. Im Copy-Shop bekommt man auch eine DIN A4-Farbkopie inzwischen schon sehr preisgünstig. Für ein Großformat kann man auch zwei DIN A3-Kopien zusammenkleben.

3.2. Computer mit Farbdrucker

Der Siegeszug der PC's nimmt seinen Lauf. Für den Schaukastengestalter ergeben sich damit ungeahnte Möglichkeiten. Eine Vielzahl von Schrifttypen und Grafiken in allen Größen und Farben ist besonders für diejenigen eine Hilfe, deren Handschrift für den Text im Schaukasten nicht geeignet ist.
Scanner und andere Geräte zur Bildbearbeitung eröffnen ein weites Feld der Gestaltung.
Falls Sie selbst noch keine Erfahrung mit einem PC haben, finden Sie sicher einen »Computer-Profi«, der Ihnen behilflich ist.

3.3. Styroporschneider

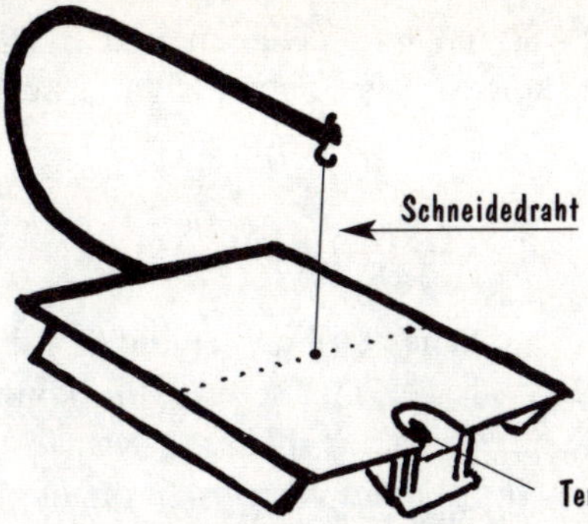

Ein besonders brauchbares Gerät ist der Styroporschneider. Jeder, der einmal damit gearbeitet hat, möchte ihn nicht mehr missen. Wer häufig Styropor benutzt und auch Buchstaben damit herstellen will, sollte sich dieses Gerät anschaffen. Der Styroporschneider sollte eine Regelung haben, damit die Temperatur des Schneidedrahts der Stärke des Styropors angepasst werden kann.

Ein Modelliergerät
als Ergänzungsgerät des Styroporschneiders eröffnet viele Möglichkeiten der plastischen Gestaltung.

Ein interessanter Zusatz zum Styroporschneider ist auch der **Kreisschneider.** Das Gerät wird am Rand der Platte befestigt und das Styropor auf den Dorn gesteckt, der den Mittelpunkt des Kreises festlegt. Der Radius wird bestimmt durch die Entfernung vom Dorn zum Schneidedraht. Durch gleichmäßiges Drehen des Styropors um den Mittelpunkt erhält man einen Kreis.

3.4. **Lötpistole** und **elektrischer Hartschaumschneider**

Sie sind als Handgeräte ein Ersatz, wenn kein Tischgerät vorhanden ist. Damit kann man auch Styropor modellieren und Buchstaben ausschneiden. Eine ruhige Hand ist aber unbedingt Voraussetzung.

3.5. Laminator

Ein Laminiergerät ist bei der Schaukastenarbeit gut zu gebrauchen. Es sollte auch für DIN A3-Größe geeignet sein. Damit können Kopien, Poster und Plakate, die länger halten sollen, in Klarsichtfolie eingeschweißt werden. Das Papier ist dann vor Verschmutzung und Feuchtigkeit geschützt und wellt sich nicht mehr.
Allein für die Schaukastenarbeit würde dieses Gerät wahrscheinlich nicht gekauft werden. Wenn man es aber vielfältig benutzt, z.B. zur Beschilderung, kann sich die Anschaffung lohnen.
Manche Copy-Shops bieten auch einen Laminier-Service an.

4. Die Ideenfindung

4.1. Welche Botschaft soll vermittelt werden?

In regelmäßigen Abständen steht man als Schaukastengestalter vor der Frage: Was mache ich als Nächstes?
Im Wesentlichen soll der Schaukasten einer christlichen Gemeinde die Passanten zum Nachdenken anregen über das, was im Leben wirklich wichtig ist, was am Ende noch zählt und wofür es sich zu leben lohnt. Das Thema des Schaukastens behandelt daher in irgendeiner Form die Sinnfrage des Lebens und die Antworten, die der christliche Glaube darauf gibt.
Wenn ein besonderes Ereignis bevorsteht (Ostern, Gemeindefest, Kinderwoche, etc.) und man den Schaukasten entsprechend gestalten will, muss man sich fragen: Was möchte ich den Menschen zu diesem

Anlass mitteilen, welche Gedanken möchte ich anregen? So ein Fest hat ja verschiedene Aspekte, z.B. kann man vor Weihnachten den Schwerpunkt auf die Menschwerdung Jesu Christi legen oder auf die Bereitschaft jedes Einzelnen, Christus zu begegnen usw. Wenn kein besonderes Ereignis ansteht, ist die Themenauswahl viel größer, nahezu unbegrenzt. Als Anhaltspunkt für die nächste Schaukastengestaltung kann dann auch die Jahreszeit dienen. Der Frühling steht z.B. für das Erwachen der Natur, für neues Leben, der Sommer für unbeschwertes Genießen, Urlaub, der Herbst für innere Einkehr, der November konfrontiert mit dem Thema Trauer und Leid.
Man kann auch die Jahreslosung als Themenvorschlag nehmen, nicht nur im Januar. Sie hat meistens verschiedene Aspekte, so dass man sie sogar mehrmals im Jahr jeweils mit ganz anderer Gestaltung ins Gedächtnis zurückrufen kann.

4.2. Wodurch kann die Botschaft übermittelt werden?

Wenn die Botschaft, die durch den Schaukasten übermittelt werden soll, feststeht, kommt der nächste Schritt: Wodurch kann diese Botschaft zum Ausdruck gebracht werden? Gibt es einen passenden Bibelvers dazu oder passt ein Ausspruch einer bekannten Persönlichkeit (aus einer Zitatensammlung)? Welches Bild könnte die Gedanken der Passanten in die gewünschte Richtung lenken?
Auch hierzu ein Beispiel: Es ist Ende Februar. Die Schaukastengestaltung soll den Menschen im März etwas übers Neuwerden, über Neuanfang mitteilen. Aufblühende Blumen waren aber schon letztes Jahr im Schaukasten. So kann man überlegen: Was wird noch neu im Frühling? Die Garderobe ändert sich, Leute joggen wieder, fahren Fahrrad, das Auto wird poliert, Hausputz gemacht. Zum letzten Punkt könnte man z.B. eine Puppenschippe mit Handfeger, ein Staubtuch und eine leere Spüliflasche im Schaukasten anbringen mit einem passenden Vers dazu (siehe Farb-Foto Nr. 1).

Oft wird die Reihenfolge auch umgekehrt sein. Man sieht ein interessantes Bild (z.B. in einer Zeitschrift) oder liest einen markanten Spruch. Was ich den Menschen im nächsten Schaukasten mitteilen will, hängt dann davon ab, was mich in meiner Umgebung gerade

angesprochen hat in Bezug auf das bevorstehende Ereignis, die Jahreszeit oder einfach so.
Welches Element des Schaukastens zuerst feststeht, ist eigentlich egal. Zu einem guten Bild eine passende Botschaft (oder einen Bibelvers) zu finden, ist manchmal einfacher als zu einem guten Spruch ein geeignetes Bild. Es kommt natürlich darauf an, wie groß unsere Sammlung von Bildelementen ist und wieviel Zeit zur Verfügung steht, bis der Schaukasten fertig sein muss.
Fällt uns einmal gar nichts ein, kann ein systematisches »brainstorming« oder eine schriftliche Ideensammlung zum Thema weiterhelfen. Auch das Gebet oder ein Gespräch mit Freunden über das Thema kann uns auf gute Gedanken bringen.
In der Begeisterung über ein Bild oder einen Bibelvers, der uns passend erscheint, darf man nicht den Fehler machen, sich an diesem einen Element festzubeißen. »Dieses Bild muss es sein! Das passt so gut zu Fastnacht!« Viel wichtiger als ein besonders gutes Bild ist, dass Bild und Text sich gut ergänzen. Wenn uns nichts Passendes einfällt, sollten wir auf jeden Fall die Freiheit haben, den Schaukasten ganz anders zu gestalten, als ursprünglich geplant. Das tolle Bild passt nächstes Jahr zu Fastnacht noch genauso gut! Und es bleibt ein ganzes Jahr Zeit, um einen geeigneten Text dafür zu finden.

4.3. Ideen kann man immer sammeln

Um schneller eine gute Idee für eine Schaukastengestaltung zu bekommen, ist es hilfreich, Ideen zu sammeln. Dann braucht man nur die Bilder und Sprüche durchzublättern, die man im Laufe der Zeit gesammelt hat. Eine solche Ideensammlung ist sehr zu empfehlen.

Überlegen Sie doch gleich, wenn Sie irgendwo ein gutes Bild gefunden haben, was für ein Text dazu passen könnte. Dann brauchen Sie für den Schaukastenentwurf nur noch halb so viel Zeit. Oder suchen Sie, wenn Sie einen guten Bibelvers gefunden haben, in der nächsten Zeit in Geschäften, Zeitschriften oder sonst wo nach einem geeigneten Bild dafür. Legen Sie sich einen Karteikasten oder eine Mappe an, wo Sie jede Menge an Ideen und Bildern sammeln können.

Mehr zu diesem Thema finden Sie im Kapitel 7.5. »Materialsammlung als Fundgrube«.

Man sollte sich auf jeden Fall genug Zeit für eine Schaukastengestaltung nehmen. Sonst kommt man leicht in die Verlegenheit, irgendetwas aus seiner Sammlung nehmen zu müssen, auch wenn es nicht so gut passt, weil die Zeit fehlt, nach etwas anderem zu suchen.

Manchmal kommen die Ideen von ganz ungewöhnlicher Seite. Ein Kind sagt plötzlich zu seiner Mutter: »Mama, Kinder, die im Gedränge zwischen lauter Beinen von Erwachsenen stehen, müssen besonders daran denken, dass Jesus die Kinder lieb hat.« Schon entsteht vor dem geistigen Auge ein Schaukasten mit lauter großen Beinen und dazwischen einem kleinen Kind. Dazu der genannte Vers.

Wenn man eine Idee hat, stellt sich auch die Frage: Wiederholt das Bild die Botschaft oder ergänzt es sie? Eine Ergänzung wirkt meistens interessanter. Im oben genannten Beispiel ergänzt das Bild die Aussage des Verses um folgenden Aspekt: Wir Menschen haben Kinder oft nicht lieb genug oder: Jesus liebt genauso die wenig beachteten Kinder.

5. Die Gestaltung des Schaubildes

5.1. Die Aufteilung

Eine symmetrische Aufteilung unseres Schaukastens macht ihn uninteressant. Der Blickfang sollte also nicht genau in der Mitte angeordnet werden, sondern seitlich, asymmetrisch. Das macht den Schaukasten dynamisch und ansprechend.
Der Mensch ist es gewohnt, im »goldenen Schnitt« von 1:2 (d.h. 1 Drittel zu 2 Drittel) zu schauen. Die Augen eines Menschen sind auch nicht in der Mitte des Gesichtes, sondern zwischen dem oberen und dem mittleren Drittel angeordnet. Bei Fotos merkt man ganz deutlich: In der Regel wirkt es am besten, wenn der Horizont das Bild im Verhältnis 1:2 teilt.

Dieser Gewohnheit sollte man bei der Schaukastengestaltung entgegenkommen.

Auch die Form, die durch die Anordnung der einzelnen Elemente im Schaukasten entsteht, hat eine gewisse Wirkung auf den Betrachter:

Ein Quadrat wirkt sachlich,
ein Kreis in sich geschlossen,
ein Dreieck provokativ. (siehe Schw.-W.-Fotos Nr. 1–3)

1

2

3

Auch bei diesen drei Beispielen ist die Aufteilung 1:2 deutlich zu erkennen: Im ersten Beispiel nehmen die Quadrate zwei Drittel der Fläche in Anspruch, die Schrift ein Drittel. Im zweiten Beispiel ist die Figurengruppe bewusst genau in die Mitte gesetzt. Im dritten Beispiel ragt das helle Dreieck bis zwei Drittel nach rechts; der Keimling, der als Blickfang dient, ist unterhalb der Bildmitte angeordnet. (Genauere Beschreibung der Bilder auf den Seiten 121, 124 bzw. 116.)

5.2. Das Textelement

Bevor wir uns noch eingehender mit dem Bildelement im Schaukasten beschäftigen, soll zunächst die geschriebene Botschaft besonders beachtet werden. Es ist erstaunlich, wie viele Möglichkeiten der Gestaltung man hat, selbst wenn man nur mit Text arbeitet!

Die Schriftgröße

Die Größe der Schrift im Schaukasten hängt natürlich mit der Entfernung zusammen, aus der sie gelesen werden soll. Ein Schaukasten in einer Einkaufszone, an dem die Leute direkt vorbeigehen, kommt mit einer wesentlich kleineren Schriftgröße aus als einer, der von der anderen Straßenseite aus zu erkennen sein muss.

Hängen Sie verschiedene Schriftgrößen (z.B. aus einer Zeitung ausgeschnitten) in Ihren Schaukasten und probieren Sie, aus welcher Entfernung Sie den Text noch gut lesen können. Eine Mindestgröße von 12 mm sollte dabei allerdings nicht unterschritten werden.
Mit der Schriftgröße signalisieren wir auch die Wichtigkeit der Botschaft. Eine größere Schrift enthält immer die wichtigere Botschaft und wird zuerst gelesen.
Selbst wenn noch relativ kleine Buchstaben von den Passanten gelesen werden können, weil sie dicht genug vor dem Schaukasten vorbeikommen, dürfen wir nicht zu viel Schrift in den Schaukasten hängen. Eine ganze Seite voll Schrift überfordert den Betrachter, ganz abgesehen davon, dass die meisten Passanten sich gar nicht die Zeit nehmen würden, sie durchzulesen.
Bei verschiedenen Schriftgrößen müssen deutliche Unterschiede vorhanden sein. Das allein bietet schon eine gewisse grafische Gestaltung.

Komm zu mir betont z.B. einen ganz anderen Aspekt derselben Aussage als komm zu **mir**

In einem Schaukasten sollten wir allerdings nicht mehr als 2 oder 3 verschiedene Schriftgrößen verwenden, sonst wirkt es zu uneinheitlich.

Der Zeilenabstand

Ein geringer Zeilenabstand ist für den Schaukasten ungeeignet. Er verschwimmt aus größerer Entfernung zu einem einheitlichen Grauwert. Der normale Zeilenabstand, wie wir ihn z.B. aus Zeitschriften kennen, ist gut lesbar. Bei einem größeren Zeilenabstand (Zwischenraum größer als die Buchstaben) neigt der Text dazu, auseinander zu fallen.
Dabei ist zu bedenken, dass man um so mehr Ruhe zum Lesen braucht, je enger der Zeilenabstand ist. Beim Betrachten eines Schaukastens ist man aber in der Regel nicht ruhig und konzentriert, sondern in Bewegung und abgelenkt und verrutscht daher leichter in eine falsche Zeile. Im Schaukasten sollte der Zeilenabstand daher eher zu groß als zu klein sein.

Die Zeilenlänge

Lange Zeilen sind anstrengender zu lesen als kurze. Je länger der Weg vom Ende einer Zeile zum Anfang der nächsten ist, desto leichter ver-

rutscht man in eine falsche Zeile. Unter anderem aus diesem Grund werden viele Bibeln zweispaltig gedruckt.
Je kürzer die Zeilen sind, desto öfter müssen Worte getrennt werden, um annähernd gleichlange Zeilen zu erhalten. Das macht das Lesen wieder schwieriger. Am besten wirkt der Text, wenn er zu einem guten Block angeordnet ist, weder breit und flach noch schmal und hoch.

Die Satzarten

Hier gibt es drei Gestaltungsmöglichkeiten: Flattersatz (rechts- oder linksbündig), Blocksatz und freien Zeilenfall.
Beim linksbündigen Flattersatz, wie in diesem Absatz, hat man einen unregelmäßigen rechten Zeilenrand, aber den Vorteil, dass die Zwischenräume zwischen den Wörtern alle gleich groß sind. Außerdem wirkt er durch die unregelmäßige Form lebendig. Der rechte Rand sollte allerdings nicht zu stark flattern, sonst wirkt der Text nicht mehr harmonisch.
Der Blocksatz, mit geradem linken und rechten Zeilenrand, wirkt strenger, fester gefügt. Einen Text, der vom Inhalt eine Botschaft vermitteln soll wie: »Unser Gott ist ein freundlicher Gott«, sollten wir daher möglichst nicht in Blocksatz schreiben. Für einen Blocksatz braucht man auch meistens einen längeren Text mit mindestens 50–60 Zeichen pro Zeile, sonst werden die Abstände zwischen den Worten zu unterschiedlich, außer man hat Glück und es passt gerade. Da ein Text aus mehreren langen Zeilen im Schaukasten sowieso zu viel ist, findet der Blocksatz nur selten Anwendung.
Beim freien Zeilenfall sind die Zeilen willkürlich eingeteilt und angeordnet. Die Zeilen können z.B. nach sinnvollen Texteinheiten eingeteilt werden:

Was nützt es,
wenn man die ganze Welt gewinnt,
und doch Schaden nimmt
an seiner Seele?

Die Schreibweise

Anstelle der normalen Schreibweise mit großen und kleinen Buchstaben kann man auch nur mit GROSSBUCHSTABEN schreiben. Nur Großbuchstaben wirken aber förmlich, steif und starr und sollten nur gezielt als Gestaltungselement eingesetzt werden, z.B. bei Schlagwör-

tern oder einer kurzen Überschrift. Eine gemischte (normale) Schrift wirkt mit ihren Schrägen und Rundungen dagegen lebendig.
Wer einen Computer hat, dem bieten sich noch mehr Möglichkeiten.

Die Schriftarten

Wenn viel Schrift verwendet wird, ist es gut, verschiedene Schriftarten zu nehmen; allerdings nicht mehr als 2 oder 3, sonst wirkt der Schaukasten zu uneinheitlich. Steht neben dem Bild nur wenig Schrift, sollte sie einheitlich sein.
Viele Schriftarten enthalten Serifen, das sind die kleinen Querbalken an den Enden der Buchstaben. Schriften mit Serifen wirken altmodischer als solche ohne. In der Auswahl der Schrift sollten wir uns danach richten, was die Leute vor dem Schaukasten gewöhnt sind zu lesen. Meist ist das eine sehr schlichte Schriftart.
Manche Schriftarten assoziieren wir mit ganz bestimmten Dingen, z.B. wird gotische Schrift von älteren Leuten möglicherweise mit dem 3. Reich, von jüngeren eher mit Heavy Metal (Hardrock) verbunden. Meist sind solche Assoziationen nicht das, was wir mit unserem Schaukasten erreichen wollen.
Eine der Schreibschrift ähnliche Schrift ist schwerer zu lesen als Druckschrift, außer vielleicht für Schüler, die das noch gewohnt sind. Sie ist aber auch persönlicher, erinnert an einen Brief. Das birgt wieder den Nachteil: Fremde Briefe liest man nicht! Aus diesen Gründen ist im Schaukasten eine Druckschrift vorzuziehen.
Der Computer liefert uns eine Menge an Schrifttypen, darunter auch merkwürdige, auffällige bis kaum leserliche. Ungewöhnliche Schriftarten sollte man nur verwenden, wenn sie die Aussage eines bestimmten Wortes, z.B. Angst in zittriger Schrift, unterstreicht, niemals für ganze Sätze.
Sollen Buchstaben ausgeschnitten werden, ergibt sich von selbst eine einfache Schriftart, weil sie leichter auszuschneiden ist.

Der Schriftcharakter

Verschiedene Schriftarten haben einen unterschiedlichen Charakter. Eine fette Schrift wirkt laut, energisch, eine dünne spricht dagegen in leisen Tönen. Bei einer fetten Schrift sollten die Zwischenräume in den Buchstaben nicht viel schmaler sein als die schwarzen Balken, sonst

wirkt sie zu flächig und ist schwerer lesbar. Eine flächige Schrift kann man allerdings auch als Gestaltungselement einsetzen, z.B. um farbige Akzente zu setzen.
Eine kursive Schrift wirkt im Vergleich zu einer mit senkrechten Linien lebendig, aber unbestimmt. Die Aufforderung »komm her« sollte daher z.B. nicht kursiv geschrieben werden.
Probieren Sie, wenn Sie die Möglichkeit dazu haben, verschiedene Schrifttypen aus und testen Sie die Wirkung.

Hervorhebungen

Oft ist es vorteilhaft, in einer Aussage die wichtigsten Worte hervorzuheben. Beim Sprechen betonen wir ja auch einige Worte mehr als andere, sonst würde die Sprache langweilig und monoton wirken. Im Schaukasten sollte der Text zwar sowieso nur das Wichtigste enthalten, damit das Schaubild schnell zu erfassen ist. Manchmal kann man aber die Wörter nicht mehr reduzieren, weil sonst die Aussage nicht richtig verstanden würde. Dann kann man das Wichtigste im Text durch optische Strukturierung hervorheben.

Für die Hervorhebung von Schrift bieten sich verschiedene Möglichkeiten. Die gängigsten, nämlich einzelne Worte fett zu schreiben oder zu unterstreichen, sind auch im Schaukasten die geeignetsten. Ein kursiv geschriebenes Wort fällt im Textzusammenhang aus größerer Entfernung zu wenig auf.
Es bietet sich auch an, ein Wort größer als die anderen zu schreiben. Der dadurch vergrößerte Zeilenabstand sollte im ganzen Textblock eingehalten werden.
Zwei Möglichkeiten der Hervorhebung sollen hier noch besonders erwähnt werden:

a) Farblich Schwerpunkte setzen

Mit dem Computer haben wir auch ohne größere Mühe die Möglichkeit, invers zu schreiben, nämlich weiß auf schwarz anstatt schwarz auf weiß. Dadurch werden die einzelnen Worte sehr stark hervorgehoben, ja fast aus dem Zusammenhang gerissen. Die Methode bietet sich eher für ganze Satzteile an. Einzelne Worte werden nicht ganz so stark

hervorgehoben, wenn sie nur farblich anders unterlegt werden. Man kann auch Wörter, die vom Text her notwendig sind, aber nicht die Hauptaussage treffen, farblich mehr dem Untergrund anpassen.
Die Aussage, die dem Passanten – auch von der gegenüberliegenden Straßenseite – ins Auge springen soll, erscheint klar abgehoben vom übrigen Text, wenn sich die Buchstaben durch ihre Helligkeit oder die intensive Farbe von den übrigen unterscheiden. Ein Beispiel sehen Sie auf dem Farb-Foto Nr. 4.
Bei ausgeschnittenen Pappbuchstaben kann man die Farbe der Buchstaben leicht variieren.

b) Strukturieren durch Abgrenzung

Wenn vom Text her mehrere Aussagen in sich abgegrenzt sind, kann das auch optisch deutlich werden. Jede Aussage wird für sich auf eine Fläche geschrieben. Dabei kann der Schrifttyp durchaus variieren. Auch die Gestaltung der Fläche kann unterschiedlich sein, so wie es der Aussage am besten entspricht.

Ein Bibeltext z.B. sollte in deutlich lesbarer Schrift auf einer klar abgegrenzten Fläche erscheinen. Das unterstreicht die Zuverlässigkeit und ewige Gültigkeit von Gottes Wort. Soll dagegen die Meinung der Menschen wiedergegeben werden, wäre es passender, den Text mit der Hand zu schreiben. Das erscheint individueller und nicht so allgemein gültig.
Noch unverbindlicher wirkt es, wenn die Fläche mit dem Text nur lose angepinnt oder sogar ausgerissen anstatt ausgeschnitten wird. Eine ausgerissene Fläche wirkt besonders gut, wenn die Pappe nur farbig beschichtet ist und beim Reißen ein weißer Rand erscheint.
Mehr zu diesem Thema im Kapitel »Tipps aus der Praxis« B 6.4.

Schrift im Bild

Im Normalfall steht der Text in waagerechten Zeilen neben dem Bild. Einzelne Wörter und kurze Textelemente kann man aber auch in ein entsprechendes Bild reinschreiben (siehe Schwarz-W.-Foto Nr. 4 und Nr. 5 (S. 49). Die dem Bild angepasste Zeilenführung erschwert zwar das Lesen, verstärkt aber die Wirkung der Worte enorm.

alle denken
nur an
sich, nur ich,
ich
denk
an
mich
Liebe
deinen
Nächsten
wie dich
selbst.

4

ZWEIFEL
ZWEIFEL
ZWEIFEL
?
Jesus bleibt Sieger
Wir laden ein:
So 10.00 Uhr: Gottesdienst
So 10.00 Uhr: Kinderstunde
Di 19.30 Uhr: Frauenstunde
(14-täg., Ort erfragen)
Di 19.30 Uhr: Jugendstunde
Mi 19.30 Uhr: Bibel- und
Gebetsstunde
Jeder ist herzlich eingeladen!
Nähere Infos bei Fam Jorztik,
☎02761/72034

5

5.3. Das Bildelement

In den meisten Fällen stellt das Bild und nicht der Text den Blickfang im Schaukasten dar. Es sollte also auffallen, ansprechend sein, Neugier wecken und einladend wirken.
Ein Bild sollte den Text möglichst nicht wiederholen, sondern ihn ergänzen, näher erläutern. Zu dem Vers: »Was nützt es, wenn man die ganze Welt gewinnt, ...« eine Weltkugel abzubilden, wäre langweilig. Es würde lediglich das Wort »Welt« wiederholt. Ein Bild von vielen Münzen oder Geldscheinen würde den Vers schon näher erklären. Um noch ein anderes Beispiel zu nennen: Der Spruch »Man sieht nur mit dem Herzen gut« (A. de Saint-Exupéry) wird durch die Illustration mit einer herzförmigen Brille nur wiederholt, durch einen Mann im feinen Anzug, der einem Penner freundlich begegnet, wird er in Bezug zum Alltag gesetzt.
Manch ein Bibelvers, der dem Betrachter fremd ist, kann allein durch das Bild verständlich werden, wenn z.B. der Vers »Gott reicht dir seine Hand« mit einem Bild von einer Person, die einen Kranken pflegt, erläutert wird. Allgemeine Aussagen können durch das Bild einen konkreten Inhalt gewinnen, z.B. »Unser Gott ist ein freundlicher Gott« mit einem Bild von einem reich gedeckten Tisch zu Erntedank.

Um Interesse zu wecken oder ungewöhnlich zu wirken, kann das Bild auch auf einen Teilaspekt reduziert sein. Anstelle einer Gruppe von Leuten kann man z.B. nur verschiedene, stilisierte Frisuren abbilden. Das bringt die Verschiedenartigkeit der Menschen gut zum Ausdruck.
Bei der Auswahl des Blickfangs für den Schaukasten ist es besonders wichtig, die Lebensgewohnheiten der Menschen, an die der Schaukasten gerichtet ist, zu kennen, um zu wissen, was ihre Neugier weckt. Ansonsten sind der Fantasie keine Grenzen gesetzt.

Sehr wichtig ist, dass wir nur einen Blickfang haben. Selbst wenn uns mehrere gute Illustrationen zu einem Thema einfallen, sollten wir uns für eine entscheiden, sonst stiehlt ein Bild dem anderen die Show und der Betrachter weiß nicht, wo er hinschauen soll. Die übrigen Illustrationen können wir höchstens wesentlich kleiner am Rand unterbringen. Besser ist es aber, sie aufzuheben; vielleicht findet sich später ein anderer Text oder Bibelvers, der dazu passt.

Gute Bilder findet man häufig auf Reklameplakaten, in der Dekoration von Geschäften und auf Postern. Leider passt der Text auf Postern oft nicht gut zum Bild, so dass ein Poster meist keine gute Schaukastengestaltung darstellt. Das Bild alleine kann man aber gut ausschneiden und mit einem anderen Text zusammenbringen. Fragen Sie in Geschäften, ob Sie Reklameplakate oder Teile der Dekoration haben dürfen, wenn sie nicht mehr gebraucht werden. Manchmal muss man etwas hartnäckig sein, der Einsatz lohnt sich aber.
Auch in Zeitschriften findet man oft Bilder oder Bildelemente, die sich vergrößert gut im Schaukasten verwenden lassen. Wenn man erstmal einen Blick dafür hat, findet man sie überall.
Wer eine gute Kamera hat, kann interessante Plakate und andere Dinge (z.B. Hände) auch fotografieren und vergrößern lassen.

5.4. Die Wahl der Farben

Die geeigneten Farben zu finden, fällt bei der heutigen Auswahl oft nicht leicht. Hier soll keine Farbenlehre aufgestellt werden, die man in anderen Fach-Büchern nachlesen kann. Am besten lässt man sich vom eigenen Empfinden (grell, langweilig, ...) und von der gegenwärtigen Mode leiten.
Einige Assoziationen, die man bei bestimmten Farben hat, sollen aber doch erwähnt werden:

Weiß bedeutet Licht, Stille, Leere, aber auch Wahrheit, Unschuld und natürlich Winter.
Gelb wird mit Sonne, Helligkeit, Wüste verbunden, aber auch mit Misstrauen und mit Ernte, Reife.
Rot signalisiert Gefahr, »Achtung!«, Verbote, aber auch Wärme, Blut und Liebe. Rot ist eine Vordergrundfarbe. Es ist die auffälligste Farbe, die ja oft bewusst Aufmerksamkeit wecken soll (Ampel, Verkehrsschild). Ein rotes Schaukastenelement wird sich immer in den Vordergrund drängen, auch wenn es gar nicht so wichtig ist.
Grün bedeutet Frische, Gesundheit, Erholung, Ruhe, aber auch Unreife.
Blau verbinden wir mit Himmel, Sehnsucht, Entspannung, aber auch mit Sauberkeit und Gefühlskälte. Blau ist mehr eine Hintergrundfarbe.

Weit entfernte Dinge sehen bläulich aus. Ein blaues Schaukastenelement drängt sich dem Betrachter nicht auf, wird nicht als wichtig empfunden. Ausnahmen bestätigen auch hier die Regel, z.B. hellblau auf dunkelblau.
Schwarz steht für Hass, Gefahr, Tod, auch für Angst und Schwere. Eine schwarze Schrift, wenn sie nicht besonders fett ist, wirkt normal.

6. Tipps aus der Praxis

In diesem Abschnitt wollen wir noch einmal auf Grundsätzliches hinweisen und dann praktische Tipps geben, wie die Schaukastenarbeit verbessert werden kann.

Im Kapitel 1 und 2 des Praktischen Teils wurden schon mehrfach die **Rückwände** der Schaukästen erwähnt.
Weil man sie aus unterschiedlichem Material herstellen kann, ergeben sich für den Gestalter jeweils andere Voraussetzungen.

Die Schicht auf der Rückwand des Kastens sollte einige **Grundbedingungen** erfüllen. Sie sollte

a) **lichtecht sein**, damit nicht beim Abnehmen die Umrisse des früheren Schaubildes zu sehen sind.
b) **farblich neutral sein**, damit sie zu vielen Schaubildern passt. (Eine dunklere Farbe hebt helle Plakate besser hervor. Eine helle Grundfarbe wirkt insgesamt freundlicher.)
c) **Befestigungen durch Nadeln ermöglichen**. Die Schicht sollte also dick genug sein, dass z.B. eine Reißzwecke richtig eingedrückt werden kann und Stecknadeln bei schrägem Einstich bis auf den Kopf versinken.
d) **Nadelstiche wieder unsichtbar verschwinden lassen**. Die Oberfläche sollte also nicht nach häufiger Benutzung übersät sein von Einstichlöchern, die auf hellem Grund wie Fliegendreck erscheinen.

Erfüllt die Rückwand Ihres Kastens nicht diese wünschenswerten Voraussetzungen, bieten sich folgende Möglichkeiten an:
Das Verwenden von variablen Hintergrundplatten.
Das Bekleben der ganzen Fläche mit einem geeigneten Material (z.B. dicker Nadelfilz).

Die meisten Schaukastengestalter werden sicher den Gebrauch von variablen Platten bevorzugen:
Hintergrundplatten als Rückwände sind praktisch zu handhaben und bieten viele Vorteile. Sie erleichtern die Gestaltung des Schaubildes zu Hause und ermöglichen ein schnelles Anbringen im Kasten.
Drei Rückwände in der Abmessung der Innenfläche des Kastens sollten auf jeden Fall zur Verfügung stehen.
(Geeignetes Material wurde schon unter B 2.2.c genannt).
Eine größere Anzahl ist dann praktisch, wenn das Schaubild als Ganzes erhalten bleiben soll, damit man es später noch einmal gebrauchen kann. Die einzelnen Elemente müssen dann nicht nach einmaligem Gebrauch wieder abmontiert werden. Das ist besonders bei aufwändigen Gestaltungen zu empfehlen.
Für die Lagerung ist das ebenfalls sehr vorteilhaft.
Stehen mehrere Platten zur Verfügung, kann schon auf Vorrat produziert werden, wenn man gerade Zeit dafür hat.
Sind die Platten mit unterschiedlichen Stoffen, Tapeten oder anderem geeignetem Material bezogen, ergeben sich viele Variationen für die Gestaltung.

Ein kleiner Nachteil: Durch die Hintergrundplatte wird die Tiefe des Schaukastens entsprechend verringert und so die Möglichkeit zur plastischen Gestaltung etwas eingeschränkt. Bei einem relativ flachen Kasten ist das besonders schade.

6.1. Bespannen der Hintergrundplatten

Durch das Bespannen mit **Stoffen** kann die Hintergrundplatte immer wieder verändert werden. Ein passender textiler Untergrund kann sehr dekorativ wirken und ein Schaubild enorm aufwerten. Zum Bespannen der Platten sollte man mehrere Stoffarten und Far-

ben zur Auswahl haben. Oft werden sehr preisgünstig Reste angeboten.
Geeignet sind Molton, Panne-Samt, Jute und andere einfarbige Stoffe. Eine Dämmplatte aus Weichfasermaterial lässt sich sehr gut mit Molton, einem beidseitig aufgerauten Baumwollstoff bespannen. Der Stoff muss an jeder Seite etwa 10 cm größer sein als die Platte. Man breitet ihn auf dem Tisch aus und legt die Dämmplatte mit der weichen Seite darauf. Nun schlägt man den Stoff zuerst an der längeren Seite um und steckt ihn mit einigen Nadeln fest. Dabei müssen die Nadeln schräg gegen die Zugrichtung eingesteckt werden.
Auf der gegenüberliegenden Seite zieht man den Umschlag fest über die Kante der Platte, damit der Molton auf der Unterseite straff wird. Mit den kürzeren Seiten verfährt man ebenso und legt an den Spitzen den Stoff in einer Falte zusammen, wie beim Einbinden eines Buches. Der Molton schmiegt sich ideal der Dämmplatte an und es bilden sich keine Luftblasen. Er ist dehnbar, dabei doch reißfest und ein besonderer Vorteil ist die hohe Lichtechtheit, weil er indanthren durchgefärbt ist.

Das ganzflächige Bekleben der Hintergrundplatte mit dc-fix-Folie, die in vielen Farben und Strukturen (auch Velours) angeboten wird, ist auch eine empfehlenswerte Variante.
Wählen Sie immer das Material aus, das zur Aussage Ihrer Gestaltung am besten passt.

Für das Befestigen der Hintergrundplatte an der Rückwand des Schaukastens ein praktischer Tipp:
Kleben Sie an die Wand des Kastens lange Streifen von Klettband (raue Seite), die ständig dort bleiben. An einigen Stellen des Schaubildes werden die passenden weichen Gegenstücke befestigt. Leichtes Andrücken genügt und die Platte hat einen festen Halt. Problemlos kann sie auch wieder abgezogen werden.

6.2. Befestigung von Flächen

Das hat wohl schon jeder Schaukastengestalter erlebt: Mit viel Mühe wird zu Hause ein Schaubild hergestellt. Das Anbringen im Kasten gelingt auch gut und alles wirkt ordentlich und sehr ansprechend. Nach einigen Tagen kommt beim Anblick des Kastens die große Enttäuschung: Das Poster klebt nur noch an einigen Stellen und hat sich da, wo kein Klebstoff hinkam, durch die Feuchtigkeit gewellt. Die abendliche Beleuchtung unterstreicht dann noch extremer die Wellen.

Solche Erfahrungen sollen Sie aber nicht entmutigen.
Damit Sie nicht alle Fehler selbst machen müssen, um daraus zu lernen, geben wir Ihnen Tipps, die wir durch eigene negative Erfahrungen gewonnen haben.

Wenn die Botschaft »Wellen schlägt«, ist das wünschenswert, beim Material wollen wir diese Wirkung möglichst vermeiden.

Grundsätzlich ist zu beachten: alle Werkstoffe aus Naturfaser reagieren auf Feuchtigkeit und Temperaturschwankungen. Im Schaukasten ist deshalb bei Papier und Pappe eine **Wellenbildung** kaum zu vermeiden. Besonders störend wirkt das bei Licht von oben, wenn die Wellen noch Schatten werfen.
Ein dünnes Papier, das nur an den vier Ecken mit Stecknadeln befestigt ist, wird immer etwas gewellt aussehen.

Für dieses Problem bieten sich mehrere Lösungen an:

a) Dem Papier »freien Lauf« lassen

Es wird nicht fest mit dem Untergrund verbunden, damit es sich bei Feuchtigkeit ausdehnen und bei Trockenheit wieder zusammenziehen kann.
Posterschienen – am besten durchsichtig – sind dafür gut zu gebrauchen.
Das Poster oder Plakat wird oben und unten in Posterschienen geklemmt und dann an einer bzw. zwei Stecknadeln aufgehängt.
Diese Handhabung ist sehr praktisch für Plakate oder Einladungen, die nur einige Tage hängen sollen.

b) Mit einer Leiste aufhängen

Soll eine große Pappe frei aufgehängt werden, ist die Verstärkung durch eine **Leiste** zu empfehlen. Wird das Schaubild auf Plakatkarton gestaltet, kann man vorher den oberen Rand auf der ganzen Breite des Kartons durch eine dünne, aber stabile Holzleiste verstärken. Perlonschlaufen, die durch Löcher an den Leistenenden gezogen werden, ermöglichen später das Aufhängen. Mit breitem Paketklebeband kann die Leiste ganzflächig auf der Rückseite des Plakats befestigt werden.
Die fertige Gestaltung wird dann im Schaukasten mit den Perlonschlaufen an schräg eingesteckte Nadeln gehängt. Diese Aufhängung ist auch da möglich, wo man die Nadeln nicht so tief in den Hintergrund stecken kann. Das Schaubild ist fast unsichtbar befestigt und scheint zu »schweben«. Weil es sich frei ausdehnen oder zusammenziehen kann, wellt es sich kaum. Falls erforderlich, kann der Karton durch eine zweite Leiste auch am unteren Rand noch verstärkt werden.

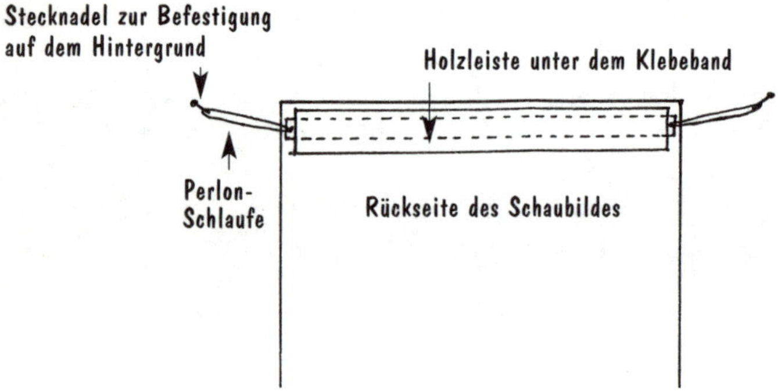

c) Verdecktes Anheften

Wollen Sie ein Foto, Poster oder Ähnliches nicht mit Nadeln durchstechen, aber so auf der Hintergrundplatte befestigen, dass Sie es leicht wieder abnehmen können, bietet sich die folgende Lösung an:
Reißzwecken oder Nägel werden mit Hilfe eines Klebebandes an der Rückseite des Bildes befestigt. Wenn die Spitzen der Reißzwecken nicht ausreichen, um das Bild zu halten, sollten Nägel genommen wer-

den. Dann wird das Bild vorsichtig auf den Untergrund gedrückt, so dass die Nägel tief eindringen können und Halt geben.
Bei doppelseitigem Klebeband erhöht sich die Haftwirkung, das spätere Abnehmen wird aber erschwert.

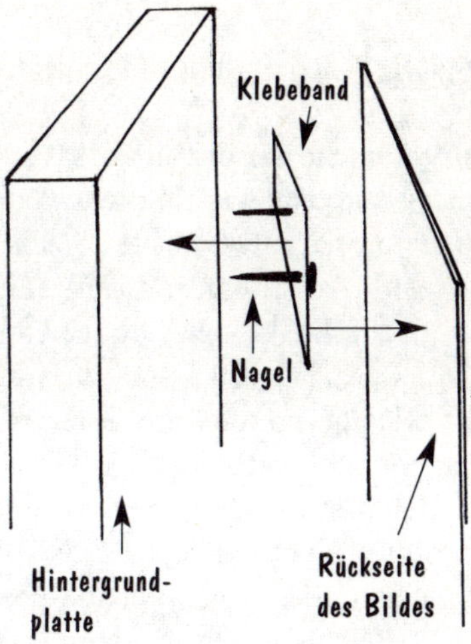

d) Das Papier in eine Hülle stecken

Wie schon unter B 2.2. erwähnt, gibt es mehrere Möglichkeiten, das Papier durch Hüllen glatt zu halten und gleichzeitig zu schützen.

Akten-Hüllen können mit einem im Haushalt üblichen Folienschweißgerät der Größe des Papiers angepasst und bis auf eine Seite verschlossen werden. Beim Schweißen ist darauf zu achten, dass die beiden Folienteile völlig plan aufeinander liegen. Mit Nadeln oder Klebepads lassen sich dann die Hüllen gut an der Rückwand befestigen.

Plakat-Taschen und die noch stabileren **Acryl-Hüllen** werden mit Perlonfäden aufgehängt.

Bei diesen Hüllen sollte man möglichst eine spiegelfreie und keine hochglänzende Oberfläche verwenden, da besonders bei einem dunklen Papier die Lichtreflexe sehr stören. Leider werden im Handel überwiegend die glänzenden Materialien angeboten.

e) Das Papier vollflächig verkleben

Eine dauerhaft völlig glatte Fläche erhält man nur durch vollflächiges Aufkleben des Papiers.
Die billigste, aber umständliche Lösung ist das Verkleben mit dickflüssigem Tapetenkleister oder mit verdünntem Ponal. Der Klebstoff wird mit breitem Borstenpinsel aufgestrichen. Nach kurzem Quellen drückt man das Papier auf die Untergrundplatte. Eine Beschwerung hilft, dass alles in der Ebene bleibt. Jetzt brauchen Sie mehr als einen Tag Zeit, bis der Kleister getrocknet ist. Wenn Sie meinen, die Arbeit wäre damit erledigt, werden Sie leider erfahren, dass sich der Untergrund (falls er nicht ganz stabil ist) beim Trocknen gewölbt hat. Soll er wieder plan werden, muss auf die Rückseite ein Gegenstück zu dem Poster geklebt werden. Das ist alles eine aufwändige Angelegenheit. Eine besondere Gefahr beim Gebrauch eines wässrigen Klebstoffes: die Oberfläche des Posters wird durch die Feuchtigkeit sehr empfindlich und kann leicht beim Arbeiten beschädigt werden.
Wesentlich einfacher ist das Aufkleben mit **Sprühkleber.**
Zwei Möglichkeiten:
1. Einseitiges Besprühen des Posters.
Beim Aufkleben kann die Position notfalls korrigiert werden. Die Klebung ist nicht dauerhaft fest. Das Poster kann evtl. wieder abgezogen werden.

2. Beidseitiges Besprühen von Poster und Untergrund.
Dabei bekommt man eine dauerhafte Kontaktverklebung, die nicht zu lösen ist, ohne das Poster zu beschädigen. Soll vom Untergrund noch ein Rand rings um das Poster zu sehen sein, muss dieser vor dem Besprühen abgedeckt werden. Einige Minuten muss die Klebeschicht antrocknen. Das Aufkleben einer großen Fläche erfolgt am besten mit zwei Personen. Einer kann das Poster noch hochhalten, während der andere die beiden Ecken und die schmale Kante fixiert. Dann wird das Poster langsam auf den Untergrund gestrichen,

damit sich keine Blasen bilden. (Anpressrolle oder Rakel helfen dabei.) Die Verklebung ist sofort fest und kann nicht mehr korrigiert werden.

Eine weitere Möglichkeit:
Das Poster wird mit Hilfe einer dünnen **doppelseitigen Klebefolie** ganzflächig auf den Untergrund aufgezogen.
Zwei Arbeitsgänge sind erforderlich:
1. das Beziehen des Posters mit der Klebefolie
2. das Aufkleben auf den Untergrund.
Um das Einschließen von Luftblasen zu vermeiden, löst man das Deckpapier zuerst nur an einer Stelle ab, fixiert dort das Poster auf dem Untergrund und zieht dann die Deckfolie ganz langsam unter dem Poster heraus. Dabei streicht man gleichzeitig mit der Handfläche oder einem Kunststoffrakel die Luft weg. Genaues Arbeiten und einige Übung beim Aufziehen sind erforderlich, weil nichts korrigiert werden kann.

Wesentlich praktischer und einfacher zu handhaben ist folgendes Material:
Kaltlaminierfolie (ohne Laminator). Die stabile Hochglanzfolie hat auf einer Seite eine Klebeschicht mit Deckblatt.
Das Papier wird nicht heiß verschweißt (wie beim elektrischen Laminieren), sondern nur kalt mit der Folie verklebt. Man hat mehrere Möglichkeiten:
Das Papier wird mit der Rückseite auf die Klebeschicht geklebt. Dadurch bleibt die Oberfläche so, wie sie ist, und es gibt keine störenden Spiegelungen.

Wird die Vorderseite mit der Folie beklebt, liegt das Papier unter einer glänzenden Schutzschicht.

Der Gebrauch der Laminierfolie ist besonders zu empfehlen, wenn mit dem Computer Wörter oder ganze Texte ausgedruckt wurden, die im Schaubild zu befestigen sind.
Durch die Stabilisierung mit der Folie bleibt das Papier immer glatt. Der dadurch wesentlich bessere Eindruck im Schaukasten rechtfertigt den zusätzlichen Arbeitsaufwand und die Kosten.

f) Das Papier einschweißen

Hier knüpfen wir gleich an die eben beschriebene Handhabung der **Laminierfolie** an.
Wird das Papier mit zwei Klebefolien beklebt, also auf der Ober- und der Unterseite, entsteht ein ähnlicher Effekt wie beim Einschweißen mit dem Laminator. Lässt man ringsum einen kleinen Rand stehen, wo die Folien miteinander verkleben, wird keine Feuchtigkeit eindringen können.

Durch elektrisches Einschweißen mit dem **Laminator** wird das Papier mit Hitze und Druck zwischen zwei Plastikfolien fest verschweißt. Es ist dauerhaft gegen Schmutz und Wasser geschützt und sehr stabil, aber noch etwas flexibel. Mit Stecknadeln kann es an den oberen Ecken befestigt werden und nach unten frei hängen. Es ist darauf zu achten, dass die Einstiche der Nadeln nur am verklebten Rand erfolgen, weil sonst Feuchtigkeit durch die Löcher dringen könnte.
Es gibt auch Laminierfolien mit einer Klebeschicht auf der Rückseite. Dann ist das Befestigen auf glattem Grund ganz einfach.
Das Laminieren ist dann angebracht, wenn eine Mitteilung länger im Kasten bleiben soll. Eine glänzende Oberfläche spiegelt sehr, was bei dunklen Motiven am meisten stört. Deshalb sollte eine entspiegelte Folie benutzt werden.
Wenn Sie in der Gemeinde keinen Laminator haben, gibt es vielleicht die Möglichkeit, bei einem Copy-Shop zu laminieren.

g) Das Papier um eine Unterlage falten

Soll ein Computerausdruck im Schaubild befestigt werden, ist ein bloßes Anpinnen mit Stecknadeln nicht zu empfehlen, weil das dünne Papier nicht genug Festigkeit hat.
Neben den eben schon erwähnten Möglichkeiten, wollen wir Ihnen noch einen anderen Tipp geben:
Besorgen Sie sich verschieden große Flächen und Streifen aus dicker Pappe. (In einer Kartonagenfabrik oder Druckerei bekommt man solche Abfälle oft kostenlos.)
Sie können auch KAPA-Stücke dafür nehmen.

Das bedruckte Papier muss einen genügend breiten Rand haben zum Umschlagen. Wie man es vom Einbinden eines Buches kennt, wird der Computerausdruck um die Unterlage herumgelegt und auf der Rückseite befestigt.

Wenn zwischen Papier und Unterlage noch eine dünne Schicht geschäumte Verpackungsfolie gelegt wird (wie man sie als Schutzverpackung verwendet), wirkt das Ganze etwas gewölbt und das Papier bleibt auf Spannung. (Beispiel: die gelben Textstreifen auf Farb-Foto Nr. 35)
Bei einer kleinen Fläche genügt es, das Papier nur auf der Rückseite festzukleben.

Ab einer Größe von DIN A 5 ist es ratsam, das Papier zuerst mit Sprühkleber oder doppelseitiger Klebefolie auf der Unterlage zu befestigen, damit es glatt bleibt, und dann erst die Ränder umzuschlagen.

Ist der Computerausdruck auf diese Weise »präpariert«, kann er mit Nadeln an der Rückwand festgesteckt werden, oder man klebt ihn auf. (Beispiel: Farb-Foto Nr. 36).

Eine einfache und doch attraktive Lösung für das Anbringen eines Posters zeigen wir Ihnen in Kapitel 7.1.

6.3 Befestigung von Einzelelementen

Ein Schaubild sieht am besten aus, wenn die Befestigung der einzelnen Teile möglichst wenig sichtbar ist.

Besonders wenn der Schaukasten sich durch seine Tiefe für eine plastische Gestaltung eignet, wirken passende Gegenstände als attraktiver Blickfang.
Für das Problem der Befestigung von Einzelelementen geben wir Ihnen hier einige Tipps aus der Praxis:

a) Aufkleben

Das Aufkleben ist wohl die am häufigsten gebrauchte Art der Befestigung.
Für die Schaukastenarbeit sollten wir aber einige Hinweise beachten: Stifte mit einer Klebepaste eigen sich nur für dünnes Papier. Für Karton und Pappe wird am besten der übliche Alleskleber benutzt. Die Verklebung muss aber gut aushärten, bevor man das Schaubild in die Senkrechte stellt. Sonst macht sich die Schwerkraft unangenehm bemerkbar und die Teile kommen ins Rutschen.
Kontaktkleber, z. B. Pattex, muss vor dem Zusammenpressen der Teile ablüften, d.h. berührtrocken sein.
Das Aufkleben von festen Teilen erfolgt am besten mit einer Heißklebe-Pistole. Die Klebemasse trocknet schnell und ist dauerhaft fest.

b) Unsichtbares Befestigen

Haftpunkte oder doppelseitiges Klebeband eignen sich nur für ganz leichte Teile oder Papier. Bei großer Hitze kann das Teil nach unten rutschen oder sich bei Frost ablösen.

Wollen Sie das verhindern, können Sie diese unsichtbare Befestigung durch Reißzwecken oder Nägel verstärken.
Die Skizze auf S. 57 erläutert die Handhabung. Auf diese Weise kann also statt eines Bildes auch ein Deko-Objekt befestigt werden.

Für schwere Teile ist es angebracht, den Nagel durch eine stabile Pappe oder eine dünne Holzleiste zu stecken und das Ganze mit Heißkleber am Objekt zu befestigen.

Auf einem rauen Untergrund bietet sich die Verwendung von Klettband an. Das Teil mit den Häkchen wird dann an der Rückseite des Objektes befestigt.

Werden beide Teilstücke des Klettbandes benötigt, kann man sie auch zur Verstärkung der Klebeschicht mit Heißkleber auf dem Einzelteil und dem Untergrund anbringen.

c) Aufhängen

Perlonfäden eignen sich ideal zum Befestigen und gehören zur Grundausstattung. Man bekommt sie als dünnen Faden (auf einer Nähgarnrolle) oder als sogenannte »Drachenschnur« in verschiedenen Stärken. Sie sind fast unsichtbar und dabei extrem stabil. Für leichte Gegenstände genügt ein dünner Faden.
Damit kann sogar ein Neues Testament fast unsichtbar aufgehängt werden:

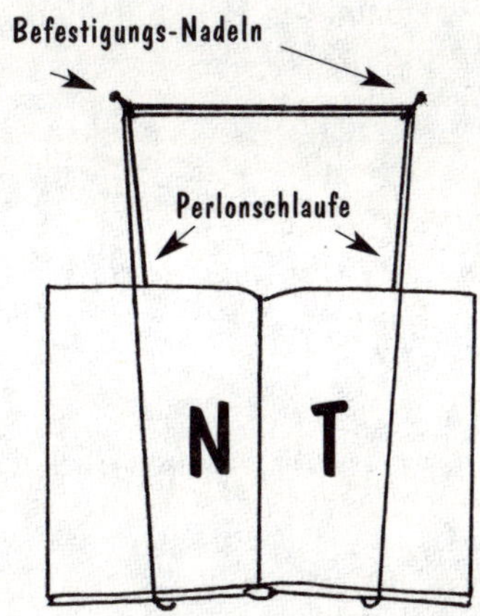

Über zwei Stecknadeln wird eine Perlonschlaufe gehängt. Die beiden Teile des aufgeklappten Testamentes brauchen nur noch durchgesteckt zu werden. Das Gleichgewicht wird durch Verschieben hergestellt.
Die Nadeln können an den Stellen festgemacht werden, wo man sie kaum sieht. (Schwarz-W.-Foto Nr. 6, S. 78)

Schwerere Objekte hängt man besser an einer Drachenschnur auf.
Will man ganz sicher gehen, kann man unter die Objekte noch Nadeln stecken zum Halten.

Mit Perlonfäden lassen sich auch sehr gut Teile aus KAPA, Styropor o.ä. aufhängen, die als Schriftblöcke frei im Schaubild hängen. (Beispiel Farb-Foto Nr. 14)

Eine andere Möglichkeit: von der **Decke** die Gegenstände **abhängen.** Man kann z.B. um die Leuchtstoffröhre einen Perlonfaden schlingen, an dem das Objekt frei schwebend aufgehängt wird.
Wenn Sie oben hinter der Blende des Kastens einen Streifen aus gelochter Presspappe anbringen können, haben Sie durch das Eindrehen von passenden Metallhaken vielfältige Möglichkeiten, Gegenstände daran aufzuhängen. Statt der Presspappe kann auch ein Gitter aus Metall oder Kunststoff genommen werden zum Einhängen von Haken. Wichtig ist aber, dass man alles *über* der Lichtquelle befestigt und dass die gelochte Pappe bzw. das Gitter von zwei Schienen an den Längsseiten gehalten wird, damit sie nicht durchhängt.

Möglichkeit zum Abhängen von der Decke

Lochplatte mit eingedrehten Befestigungshaken

Bei Vitrinen brauchen Sie auf jeden Fall diese oder eine ähnliche Möglichkeit der Befestigung an der Decke, damit der ganze Raum gestaltet werden kann.

d) Annähen

Eine weitere Art, Teile zu befestigen ist das »Annähen« auf dem Hintergrund. Dabei wird der Perlonfaden von hinten mit einer Nähnadel durch die Grundplatte gesteckt, um das Objekt geschlungen, wieder durch die Platte geführt und auf der Rückseite gut verknotet. Soll der Faden im selben Loch wieder zurückgeführt werden, verknotet man hinten ein Hölzchen oder Ähnliches.

e) Aufstellen

Bei schwereren Gegenständen sollte man auf Sicherheit gehen und die **Bodenfläche des Kastens** nutzen. In den meisten Fällen wird das Objekt dann aber zu tief stehen. Um die Position zu erhöhen, kann man Styroporblöcke, Steine oder andere Teile zum Unterlegen nutzen. Wird dann diese Hilfskonstruktion noch entsprechend »verkleidet«, ist sie selbst ein Teil der Dekoration und passt sehr gut in das gesamte Schaubild. (Beispiele Farb-Foto Nr. 19, Nr. 31 und Nr. 39)

f) Tipps zum Befestigen von Teilen aus Styropor

Sollen Platten oder Einzelteile zusammengeklebt werden, braucht man keinen Styropor-Spezialkleber, sondern kann auch lösungsmittelfreies UHU benutzen. Die Teile sollten zur Stabilisierung mit einem Streifen aus Pappe, (mit Nadeln feststecken) »geschient« werden.

Zusammenkleben von Styroporteilen

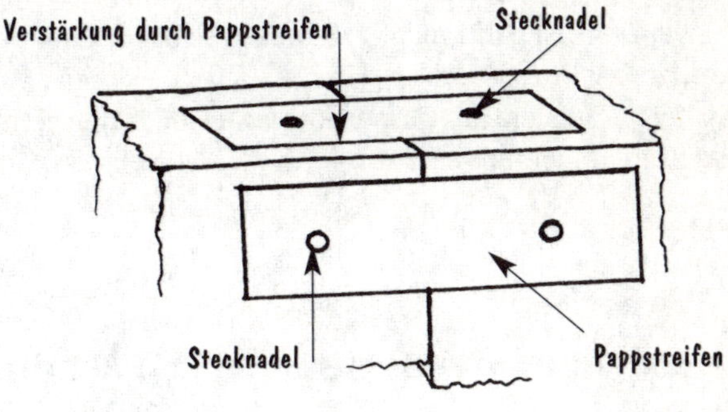

Ist das Styropor dicker als 1cm, sollte man es nicht nur mit Klebstoff zusammenkleben, sondern zur Verstärkung noch Zahnstocher bis zur Hälfte in ein Teil stecken und das zu verbindende Teil passgenau in die andere Hälfte der Zahnstocher schieben.

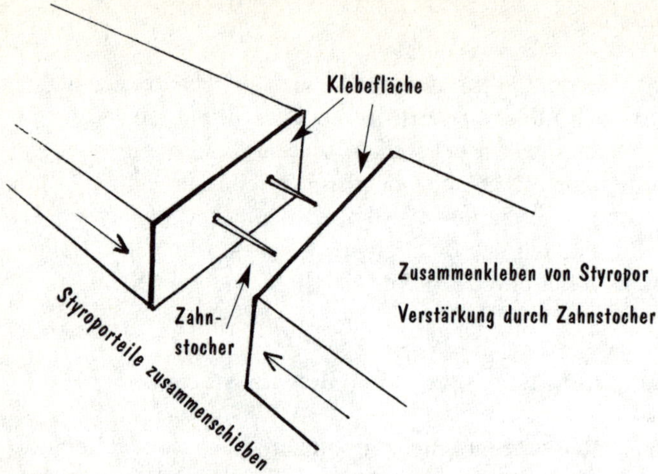

Will man größere Teile miteinander verbinden, und auch solche, die nicht plan aufeinander liegen, kann man Montageschaum dazu verwenden.
Die Heißklebepistole ist dafür nicht geeignet, weil bei der Hitze das Styropor schmelzen würde.
Für das spätere Bemalen mit Dispersionsfarbe muss der getrocknete Montageschaum aufgeraut werden.

6.4. Herstellung von Buchstaben und Schriften

Buchstaben können wir auf vielfältige Weise gestalten.

Am einfachsten ist natürlich das **Schreiben mit der Hand** für den, der eine gute Schrift hat. Zu manchen Gestaltungen passt auch die Schrift mit der persönlichen Note besser als die korrekter, aber distanzierter wirkende gedruckte Schrift.

edding – permanent marker in schwarz haben sich am besten bewährt.
Für breite Buchstaben eignet sich die Größe 800, für kleinere ist 500 geeignet. Der abgeschrägte Filz ermöglicht durch die unterschiedliche Breite verschieden dicke Striche. Setzen Sie die Schräge im Winkel von etwa 30° Grad an.

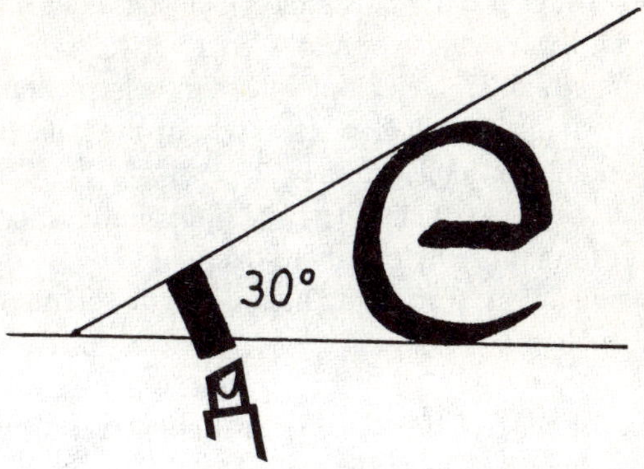

Richtige Haltung des Stiftes beim Schreiben

Beim Schreiben ist darauf zu achten, dass der Stift nicht in der Hand gedreht wird, sonst sehen die Buchstaben ungeschickt aus und die interessante Wirkung durch den Wechsel von breiteren und schmaleren Strichen geht verloren.

Der **Computer** bietet eine Fülle von **Schrifttypen** in allen Größen. Bei manchen Ausdrucken merkt man, dass der Gestalter vor lauter Freude am Ausprobieren ein »Sammelsurium« fabriziert hat, was eher verwirrend ist. In der Beschränkung liegt auch hier die bessere Wirkung.
Mit dem Kopierer können Sie auch aus Zeitungen und Prospekten passende Schriften verarbeiten und sie nach Bedarf verkleinern oder vergrößern.

Wie man Computerausdrucke und Kopien im Schaubild weiterverarbeiten kann, ist oben erwähnt unter B 6.2.

Eine weitere Möglichkeit ist das **Ausschneiden** von Buchstaben.

Sie können sich aus **Pappe** Buchstaben selbst herstellen.
Wählen Sie eine klare Schrift, die sich gut ausschneiden lässt. Serifen, die kleinen Querbalken an den Buchstabenenden, erschweren das Ausschneiden sehr.
Werden die Buchstaben mit wenig Kleber befestigt oder mit Stecknadeln aufgesteckt, kann man sie immer wieder verwenden.
Stecknadeln mit einem kleinen Kopf gibt es in verschiedenen Längen zu kaufen. Werden die Stecknadeln etwas schräg durch die Buchstaben gepinnt, bleiben diese auf Spannung.
Sie können aber auch an Buchstaben, die breit genug sind, zwei oder mehr Reißzwecken mit Heißkleber befestigen.
Durch Andrücken auf die Rückwand halten sie gut und die Vorderseite wird nicht zerstochen.

Buchstaben und andere Teile wirken plastischer, wenn man sie mit langen Stecknadeln erhöht befestigt.
Die Nadeln werden dabei etwas schräg durch die Buchstaben gesteckt. Zwischen Untergrund und Buchstaben schiebt man am besten einen runden Stab, der einen gleichmäßigen Abstand beim Montieren ermöglicht und nachher wieder vorsichtig herausgezogen wird.

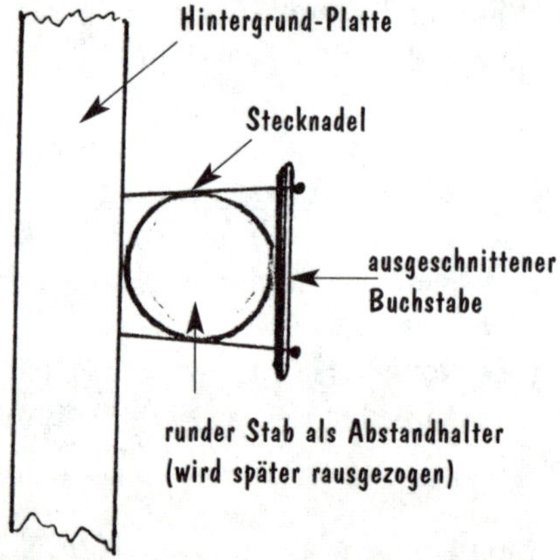

Feststecken von Buchstaben

Wenn für ein neues Schaubild Buchstaben aus farbigem Karton ergänzt werden müssen, merkt man deutlich, wie die anderen schon verblasst sind. Schwarze Pappe bleicht dagegen nicht aus.

Besser ist es also, sich **Schablonen** für Buchstaben herzustellen und die Texte für jedes Schaubild komplett neu auszuschneiden. Dann kann man die Buchstaben auch fest aufkleben.

Zu empfehlen sind fertige **Schablonen-Sätze.** Sie sind gar nicht teuer und jahrelang zu benutzen, weil sie so stabil sind. (Beschreibung Seite 71)

Statt Pappe eignet sich auch **selbstklebende Lackfolie** zum Ausschneiden von Buchstaben.
Mit dem Skalpell oder einer feinen gebogenen Schere kann man gut an den glatten Kanten der Schablonen entlang schneiden.
Noch einfacher geht es, wenn man am Computer einen **Plotter** anschließt, der die Buchstaben aus der Folie herausschneidet.

Buchstaben aus selbstklebender Folie kann man auch fertig kaufen.
Wie bei den Schablonensätzen sind auch hier Buchstaben mit runden Außenlinien (z.B. O oder C) bei manchen Schrifttypen etwas größer. Beim Aufkleben ist darauf zu achten, dass sie nicht *auf* die Grundlinie, sondern etwas *tiefer* geklebt werden. Dadurch erscheinen sie dann im gesamten Schriftbild genauso groß wie die mit geraden Grundflächen (z. B. E).

Buchstaben mit runden Formen etwas tiefer kleben

Buchstaben aus Styropor sind für den Schaukasten geradezu ideal. Die Vorteile: sie wirken plastisch, verziehen sich nicht, sind leicht zu schneiden und zu montieren und reflektieren das Licht, wodurch sie besonders abends auffallen.
Sehr wirkungsvoll ist auch eine farbige Oberfläche als Kontrast zu den weißen Schnittkanten. Wenn vor dem Ausschneiden die Styroporfläche mit der Dispersionsfarbe bestrichen wird, erspart man sich die Mühe, die einzelnen Buchstaben anzustreichen.

Um Styropor-Buchstaben auszuschneiden, braucht man immer eine **Schablone** aus dickerem Papier oder Pappe.
Diese Schablonen können Sie selbst herstellen nach Vorlagen verschiedener Schriften. Mit dem Fotokopierer lassen sie sich leicht verkleinern oder vergrößern. Sie haben auch die Möglichkeit, Ihre eigenen, besonders kreativen Schrifttypen zu entwerfen. (Beispiel das Wort »Liebe« auf dem Farb-Foto Nr. 21)
Für die Herstellung von Styropor-Buchstaben empfehlen wir die Anschaffung von **Schablonensätzen**.
Die Buchstabenschablonen aus festem Karton haben glatte Kanten und sind ideal für das Schneiden von Styroporbuchstaben. Zwei Sätze in unterschiedlicher Größe sollte man schon zur Auswahl haben. Besser noch sind vier Sätze, jeweils 50 mm und 75 mm in Blockschrift schmal und breit.
Ein Schablonensatz umfasst Groß- und Kleinbuchstaben, Satzzeichen und Zahlen.
Man kann unter verschiedenen Schrifttypen wählen.
Die Anschaffung lohnt sich auf jeden Fall, denn bei sachgemäßer Handhabung ist auch nach jahrelangem Gebrauch das stabile Material nicht abgenutzt.

Block modern
Block schmal
Antiqua
VAG-Schrift
Block fett
Signal fett

Schrifttypen für Schablonensätze

Die Buchstaben-Schablonen werden auf die Styroporfläche gelegt und mit zwei bis vier Stecknadeln darauf festgesteckt. Um Platz zu sparen, können sie ruhig dicht beieinander liegen.
Die Oberfläche des Styropors ist oft unterschiedlich strukturiert, deshalb achte man darauf, dass alle Buchstaben in dieselbe Richtung zeigen. Sonst kann es beim Schriftbild später störende Effekte geben.

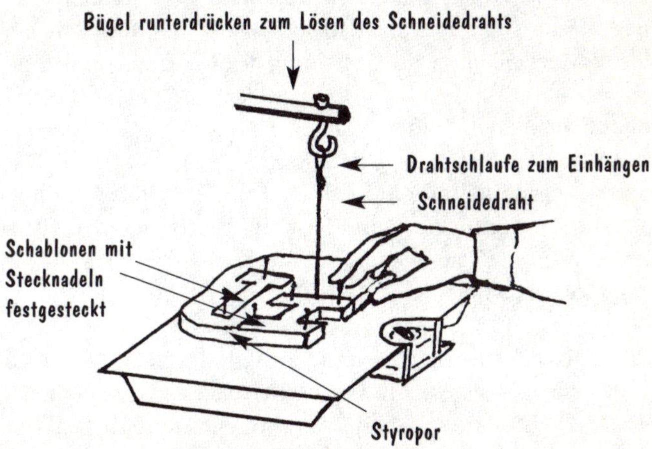

Handhabung des Styroporschneiders

Beim Ausschneiden von Buchstaben mit dem Styroporschneider brauchen Sie am Anfang etwas Geduld. Bald bekommen Sie aber das richtige Gefühl dafür und es gelingt Ihnen, mit ruhiger Hand ganz gleichmäßig die Schablonen mit dem Styropor am heißen Schneidedraht entlangzuführen. Nach einiger Übung geht das recht schnell und das Ausschneiden macht sogar richtig Spaß. Es ist darauf zu achten, dass beim Anfang und Ende recht zügig gearbeitet wird, weil beim geringsten Anhalten der heiße Draht sofort das Styropor schmelzen lässt. (Auf gute Belüftung achten, da Dämpfe entstehen.)

Tipp: Wenn bei einigen Buchstaben die Innenfläche auszuschneiden ist (A, B, D, e, usw.), schaltet man das Gerät zwischendurch aus und löst durch leichtes Herunterbiegen des Bügels die Schlaufe des Schneidedrahts vom Haken. Mit der Spitze einer Feile oder Schere macht man einen Schlitz durch die Innenfläche des Buchstabens, führt den Draht hindurch, hängt ihn mit der Schlaufe wieder in den Bügel, schaltet das Gerät an und schneidet dann die Innenfläche raus. Das klingt kompliziert, ist aber ganz einfach zu handhaben und geht recht schnell. Ist der Strom abgeschaltet, kann man den Draht schon nach einigen Sekunden berühren und nach dem Wiederanschalten des Gerätes geht das Schneiden gleich zügig weiter.
Kleine Unebenheiten am Rand lassen sich schnell mit einer Feile oder Sandpapier abschleifen, solange die Schablone noch aufgesteckt ist.
Mit den ausgeschnittenen Buchstaben lassen sich nun sehr gut verschiedene Möglichkeiten zur Gestaltung des Textes ausprobieren.

Wird das Schaubild auf einem Plakatkarton gestaltet, können die Styropor-Buchstaben mit lösungsmittelfreiem Kleber (z.B. »UHU-flinke Flasche/lösungsmittelfrei«) auf dem Karton festgeklebt werden. Vorsicht, dass beim Andrücken kein Klebstoff über den Rand quillt! Lassen Sie dem Kleber auch genügend Zeit zum Aushärten, bevor das Schaubild transportiert wird.

Sind die Buchstaben auf dem Plakatkarton festgeklebt, ist es nicht ratsam, sie wieder abzulösen, um sie bei einer anderen Gestaltung wieder zu verwenden. Die Buchstaben sind fast genauso schnell neu ausgeschnitten. Man hat auch meist nicht dieselbe Styroporplatte, um die fehlenden Buchstaben für den neuen Text zu ergänzen.

Außerdem lässt sich das fertige Schaubild jederzeit wieder benutzen, wenn es im kompletten Zustand gelagert wird.

Eine andere Situation ergibt sich, wenn die Hintergrundplatte mit Stoff bezogen ist. Dann lassen sich die Buchstaben sehr gut aufstecken und wieder entfernen, denn man will den Stoff ja nicht verkleben. Am besten zu gebrauchen sind lange Stecknadeln mit ganz kleinen Köpfen. Die Nadeln werden dabei etwas schräg durch die Buchstaben und tief in die Rückwand gesteckt.
Will man noch einen besonderen Schatteneffekt erzielen, dann hebt man die Buchstaben wieder etwas an und schiebt zwischen Buchstaben und Stoff einen Holzstab oder ein anderes passendes Teil als Abstandhalter. (Skizze S. 68)

7. »Bausteine« – variabel zu verwenden

7.1. Ein Poster wird aufgewertet

Manchmal fehlt dem Gestalter die rechte Idee, oder die Zeit reicht nicht zur Herstellung eines aufwendigen Schaubildes. Dann sollte man auch aus dieser Notlösung das Beste machen.

Wer einen größeren Vorrat hat, wird schnell ein geeignetes **Poster** finden. Leider passen Wort und Bild nicht immer optimal zusammen. Vielleicht ist dann nur das interessante Bild oder nur der gute Text zu gebrauchen.

Aber auch dann, wenn das Poster genau passend ist, sollte es nicht nur in Eile mit vier Stecknadeln angepinnt werden. Es wellt sich sonst bald, verliert an Wirkung und der Betrachter sieht gleich, dass man sich keine Mühe gemacht hat.
Probieren Sie doch mal einige unserer Vorschläge aus:

a) Die Umrandung

Damit die Umrandung das Poster aufwerten kann, muss es auf einen größeren Untergrund aufgeklebt werden. Tipps dazu unter B 6.2.

Die einfachste Veränderung ist eine plastische Andeutung durch **zwei dunkle Striche** am Rand. Die können entweder mit breitem Stift gemalt oder mit Klebeband aufgeklebt werden. Sie werden erstaunt sein, welche optische Veränderung ein so kleiner »Kunstgriff« bewirkt. Eine etwas schräge Lage des Posters unterstreicht noch die plastische Wirkung.

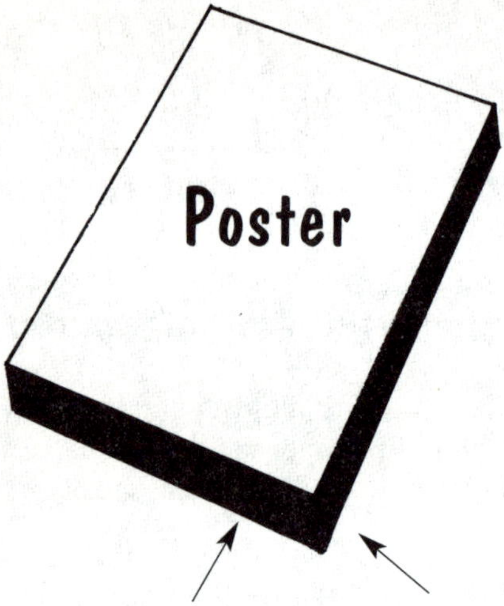

Umrandung durch zwei dunkle Striche

Wenn sich das **Motiv** dazu eignet, können Sie es **auf dem Untergrund weiterführen** durch farbliche, grafische oder naturalistische Elemente. Ein Bild vom Strand z.B. kann in der Umrandung weitergeführt werden durch Sand und Muscheln. Bei dem Farb-Foto Nr. 28 sehen Sie, wie die hellen Strahlen über den Rand des Posters verlängert wurden.

Eine interessante Umrandung lässt sich auch mit der **Encaustic-Technik** gestalten. Farblich kann alles sehr gut auf das Poster abgestimmt werden. Ein schlichtes Poster mit bloßer Schrift kann man aber auch durch einen Farbkontrast oder viele bunte Farben am Rand beleben. (Farb-Foto Nr. 29)
Die Handhabung dieser Technik wird unter 7.3. beschrieben.

Man kann dem Poster auch einen interessanten **Rahmen** geben. Ein ganz normaler Bilderrahmen ist dafür in den meisten Fällen nicht geeignet und würde kaum zur Gestaltung im Schaukasten passen.

Durch das Bekleben mit zerknülltem Papier (Packpapier oder Geschenkpapier) oder lockeres Umhüllen mit Stoff, Alufolie oder andere Materialien erhält ein alter Bilderrahmen ein ganz neues Aussehen. Ihrer Fantasie sind keine Grenzen gesetzt. Die **Umrahmung** sollte aber immer auf die Aussage des Posters abgestimmt sein.

Mit **Montageschaum** lassen sich sehr dekorative Rahmen spritzen und anschließend mit Lackfarbe besprühen. In Gold oder Silber wirkt das ganz »prunkvoll«.
Ist der Montageschaum noch weich, können auch kleine passende Deko-Objekte eingedrückt werden.

b) Hervorheben von Flächen

Sehr effektvoll ist das **Hervorheben von Flächen.**
Auch bei Schaukästen mit wenig Tiefe kann durch das Gestalten des Posters in verschiedenen Ebenen eine plastische Wirkung erzielt werden.
Betrachten Sie das Motiv unter dem Aspekt, welche räumlichen Ebenen voneinander abgehoben werden können. Gibt es einen klar begrenzten Vordergrund, in dem sich Personen, Gegenstände oder Teile der Landschaft deutlich abzeichnen? Dann schneiden Sie doch, bevor das Poster auf den Untergrund geklebt wird, diesen Bereich einfach heraus. Kleben Sie ihn auf dünnes Styropor oder Selitron und fahren Sie mit dem heißen Schneidedraht an der Kante entlang.

Wenn Sie nun dieses Teil wieder an die passende Stelle auf den Untergrund mit dem Poster zusammenkleben, entsteht eine plastische Wirkung.

Kawohl-Verlag,
Foto-Poster 91002

Wenn das Motiv sich dafür eignet, können sogar mehrere Ebenen gestaltet werden. Durch das Hervorheben wird auch ein Schwerpunkt gesetzt, der die Blicke auf sich zieht.
Weil vom Styropor das Licht sehr gut reflektiert wird, scheinen die Schnittkanten bei Beleuchtung sogar zu strahlen. Ein Effekt, der sich für Weihnachtsposter besonders eignet. (Farb-Foto Nr. 33)

Bei manchen Motiven bietet es sich an, nur einen kleinen Aspekt hervorzuheben, z.B. eine Blüte oder Blätter. Dabei kann man auch nur einen Teil ausschneiden und die Blütenränder oder Blätter nach oben wölben. (Farb-Foto Nr. 28)
Solche kleinen Veränderungen zeigen dem Betrachter, dass Sie das Poster nicht bloß angepinnt, sondern gestaltet haben. Das unterstreicht die positive Wirkung.

.

c) Gestaltung mit Wellpappe

Dieses bei Bastlern sehr beliebte Material ist auch für die Schaukastengestaltung gut geeignet.
Seine Vorzüge: interessante plastische Oberfläche, leichte Verarbeitung, Flexibilität und Stabilität.
Im Handel werden meist Stücke von 50 x 70 cm angeboten.

Wir nutzen die Biegsamkeit und auch die Spannkraft des Materials für eine plastische Gestaltung, die sich der Tiefe des Kastens anpassen kann.
(Wenn die Wellpappe vorher einige Tage gerollt ist, biegt sie sich besser.)

Hat der Kasten wenig Tiefe, kann man die Wellpappe mehr auseinander ziehen, die Enden stärker einrollen oder mehrere kleine Wölbungen bilden.

Einfache Wölbung

6

Für diese schlichte, aber doch eindrucksvolle Gestaltung wurde das Poster RKW 85 308 aus dem Kawohl-Verlag verwandt.
Die Frage des Petrus und sein Bekenntnis wird optisch durch die Fußstapfen (aus Leder) aufgenommen und zum Neuen Testament geführt. Hier finden wir Worte Jesu überliefert (gelb markiert), die auch für uns Wegweisung und Orientierung sein wollen.

Es ist ratsam, das Poster vorher auf eine Laminierfolie zu kleben, weil dadurch die Spannkraft verstärkt wird.

Wir hoffen, dass Sie bald selbst auf viele neue Ideen kommen und wünschen gute Erfahrungen beim Experimentieren.

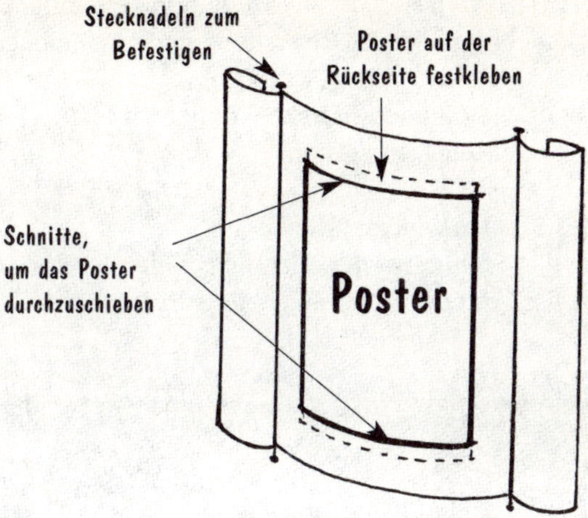

Poster mit Umrandung aus Wellpappe

Hier ist die Wellpappe waagerecht, also quer zu den Rillen, eingeschnitten und das Poster oben und unten durchgesteckt. Man kann aber auch senkrecht entlang der Rillen einschneiden und das Poster rechts und links durchstecken.

7

7.2. Besondere Effekte

Geeignetes Material, das passende Werkzeug und eine gute Aussage allein reichen nicht aus für die Herstellung eines Schaubildes, das die Aufmerksamkeit der Passanten auf sich zieht.
Durch die Anwendung besonderer Effekte können wir dem Schaukasten einen interessanten Blickfang geben.

Drapieren eines Stoffes wirkt sehr dekorativ.
Dabei kann man den Stoff entweder über die gesamte Fläche spannen oder er wird wie ein Vorhang locker aufgehängt bzw. gerafft.

8

Beispiele, wie Stoff im Schaubild drapiert werden kann, finden Sie auch auf den Farb-Fotos Nr. 14, Nr. 22, Nr. 37, Nr. 38 und dem Schw.-W.-Foto Nr. 16, S. 99.

Sie brauchen aber nicht immer ein großes Stück Stoff. Manchmal genügt nur ein **Taschentuch.**
Bei der Entwurf-Skizze sehen Sie ein weißes Taschentuch mit einem Knoten.
Der Betrachter versteht gleich die Bedeutung. Deshalb kann an diesen **»Erinnerungs-Knoten«** angeknüpft werden mit dem Hinweis: Vieles können Sie ruhig vergessen! Aber daran sollten Sie denken: Hier kann eine Aussage folgen z.B. »Gott liebt Sie«, oder man weist auf eine besondere Veranstaltung hin.

Eine **Hand** ist ein dekorativer Blickfang in einem Schaubild.
Auf dem Farb-Foto Nr. 22 wurde sie aus Plakatkarton ausgeschnitten und etwas gewölbt, damit sie die Rose halten kann.
Wenn es so erscheint, als würde sie den Stoff wie einen Vorhang zurückziehen, ist das besonders wirkungsvoll (Farb-Foto Nr. 14 und Schw.-W.-Foto Nr. 8, S. 80).
Für eine solche plastische Hand kann ein **Handschuh** mit Watte ausgestopft werden. Um die entsprechende Wölbung zu erreichen, benutzt man eine Einlage aus Draht oder biegsamer Pappe, die bis in die Finger geführt wird. Die Hohlräume werden mit Watte ausgestopft. Den Handschuh können Sie dann unter dem Vorhang gut feststecken. Damit sich die Hand nach vorn wölbt, wird die Innenfläche des Handschuhs beim Stecken zusammengezogen.

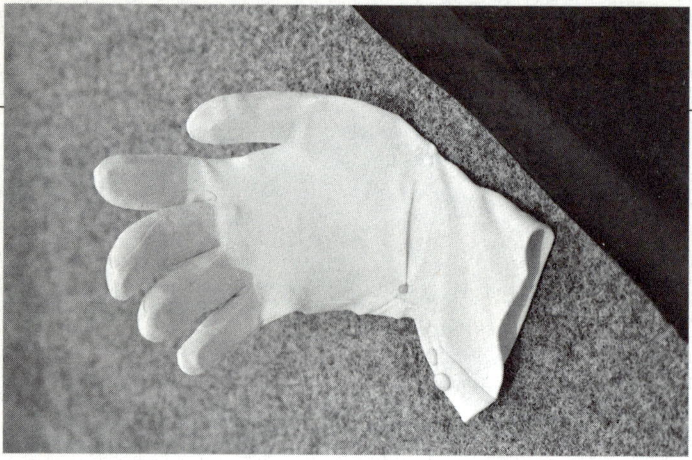

9

Für manche Gestaltungen ist aber ein Handschuh nicht geeignet. Darum bekommen Sie nun Tipps, wie Sie eine **Hand** selbst **modellieren** können.

Die einzelnen Arbeitsgänge:
Zeichnen Sie den Umriss Ihrer Hand auf ein Papier.
Biegen Sie mit einem flexiblen, aber nicht zu weichen Draht die Linie nach.
Für den Arm nehmen Sie einen noch festeren Draht, der mit der Hand verbunden wird.
Nun wird die ganze Konstruktion mit Luftblasenfolie (die man beim Verpacken benutzt) nach und nach ausgefüllt, indem man die Folienstücke gleich mit Krepp-Klebeband umwickelt. Das sieht so aus, als würde ein Verband angelegt. Die Folie lässt sich gut zusammendrücken oder füllt die Hohlräume aus – gerade wie es beim Modellieren nötig ist.
Als letzte Schicht wird mit Kleister oder einem anderen leicht verstreichbarem Kleber eine »Haut« aus fleischfarbenem Serviettenpapier aufgetragen. (Der Kleber sollte auch nach dem Aushärten elastisch bleiben.)
Wenn man immer nur kleine Teile von einer dünnen Lage der Serviette nimmt, schmiegen sie sich sehr gut der Form an.
Nach dem Trocknen haben Sie eine Hand mit vielen Vorzügen:
Durch das Drahtgestell ist die Form so flexibel, dass die Finger in verschiedene Positionen gebogen werden können. So kann die Hand auch einen Gegenstand umgreifen.
Das Gewicht ist relativ gering, weil viel Luft verarbeitet wurde.
Die Drahtenden am Arm ermöglichen ein gutes Befestigen.
Die Hand ist ein besonderer Blickfang.

Wird die Hand jetzt noch in das Ende eines Ärmels gesteckt und hinter einem Vorhang oder etwas Ähnlichem befestigt, wirkt alles sehr attraktiv.
Man kann etwas in die Hand hineinlegen oder einen Gegenstand umfassen lassen.
Mit ausgestrecktem Zeigefinger kann auf etwas Wichtiges hingewiesen werden.
Bei den Schw.-W.-Fotos Nr. 11, S. 85 und Nr. 13, S. 88 soll die Einladung zu einer großen Konferenz das Interesse der Passanten auf sich ziehen.

Herstellung der Hand

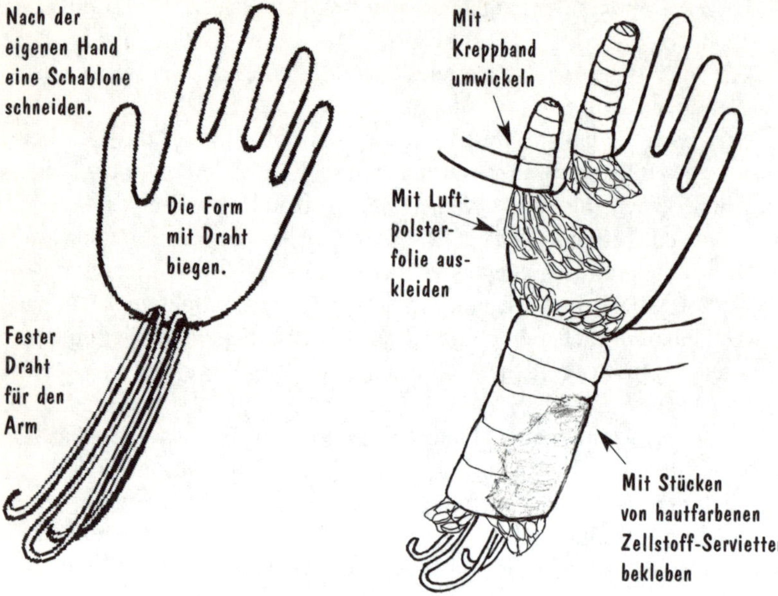

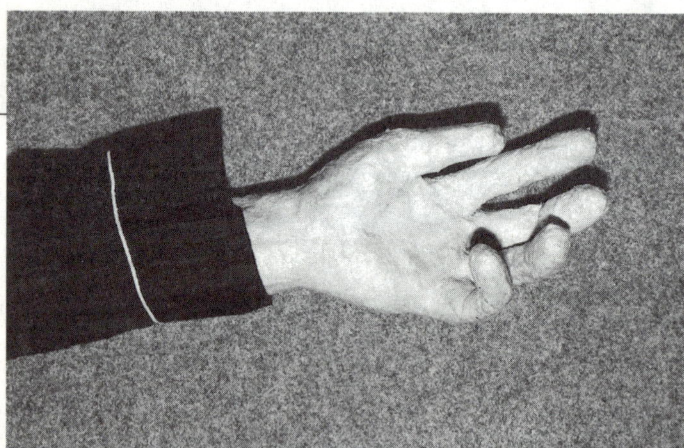

10

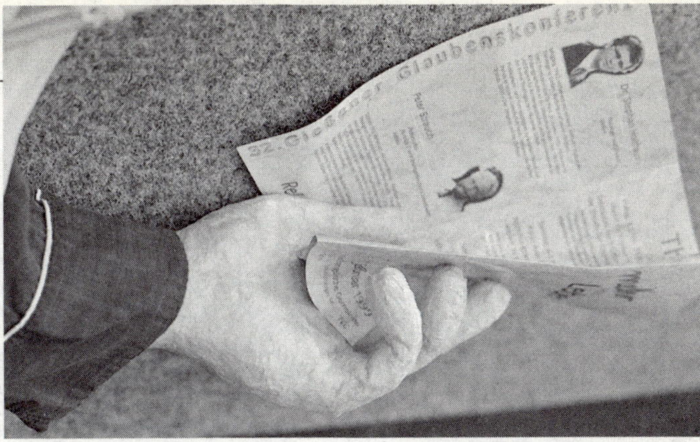

11

Puppen wirken im Schaukasten oder in der Vitrine besonders attraktiv. Es sollten aber keine üblichen Spielzeugpuppen sein, sondern schlichte Figuren mit einem ausdrucksstarken Gesicht.
Wenn man sie mit Sprechblasen einen Dialog führen lässt, wirkt das besonders interessant.

12

Leider gibt es solche Puppen nicht zu kaufen. Mit etwas handwerklichem Geschick kann man sie aber selbst herstellen.
Die abgebildeten Exemplare sind 50 cm groß, können frei stehen und die Arme bewegen. Ihr Rückgrat besteht aus einer Metallprofil-Schiene mit Löchern. Daran konnten gut das Drahtknäuel für den Kopf, die flexiblen Drähte für die beweglichen Arme und die aus stabilem Draht bestehenden Beine befestigt werden. Durch mehrfaches Umwickeln mit Stoffstreifen, Klebeband und Füllmaterial entstand allmählich die Form.
Der Kopf, die Arme und die Beine wurden mit Pappmaché, einer Masse aus Kleister und Papier, modelliert.
(Ein Metallstück als Fußsohle verhalf zum besseren Stand.)
Als Letztes kam eine hautfarbene Deckschicht aus dünnem Serviettenpapier darüber. In die Löcher für die Augen wurden glänzende schwarze Schmucksteine geklebt, die keine Pupille haben, aber sehr ausdruckstark wirken.

Die Frau bekam Haare aus Flachs und dem Mann wurde eine Perücke aus schwarzem Fellimitat aufgeklebt.
Die Bekleidung wird jeweils der Jahreszeit angepasst. (Die Haare der Frau werden im Winter unter eine Kappe gesteckt.)
Der etwas geöffnete Mund und die großen reflektierenden Augen lassen die Figuren »lebendig« erscheinen.
Sie fanden schon oft Verwendung in der Vitrine und auch im Schaukasten. (Farb-Foto Nr. 40 und Schw.-W.-Fotos Nr. 45, S. 169, Nr. 46-48, S. 173+174 und Nr. 50, S. 175)

Können Sie in Ihrem flachen Kasten keine vollplastischen Puppen aufstellen, bietet sich die Möglichkeit, **Figuren aus Pappteilen** herzustellen, die auch beweglich sind:
Die einzelnen Teile werden durch Musterklammern miteinander verbunden. (Die Enden der Klammern evtl. kürzen.)

Diese Figuren können auch mit Stoffstücken bekleidet werden, sodass sie noch interessanter wirken.

Bewegliche Figuren aus Pappteilen

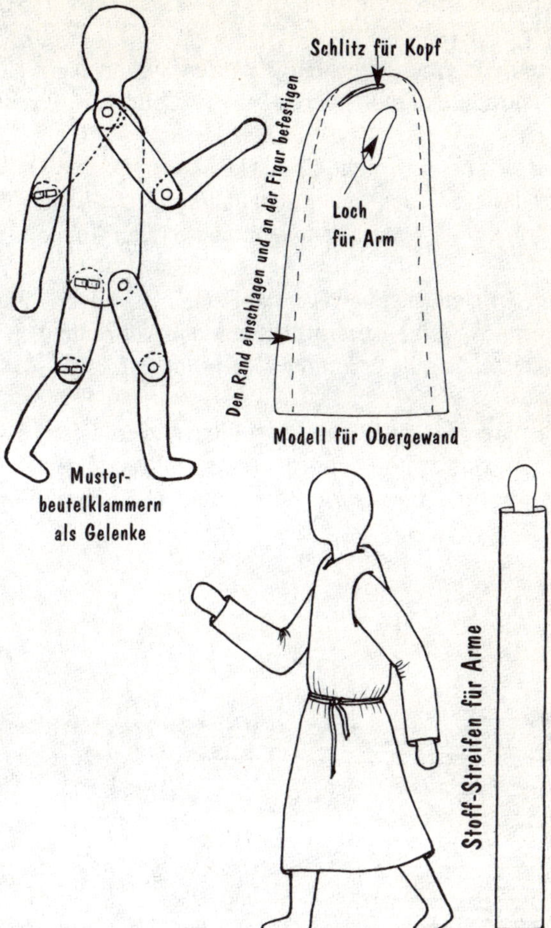

Ein **Spiegel** ist bei vielen Schaubildern gut zu verwenden. Manchmal genügt ein kleiner zum Aufstellen. (Farb-Foto Nr. 31 und Schw.-W.-Foto Nr. 44, S. 168)
Ein andermal braucht man einen ziemlich großen, der auf der Bodenkante steht und an die Rückwand des Kastens gelehnt wird. (Farb-Foto Nr. 18)

Wie ein kleiner runder Taschenspiegel verwendet werden kann, sehen Sie in der Entwurf-Skizze Seite 91.

Haben Sie noch einen alten **Hut**? Werfen Sie ihn nicht gleich in den Müll. Er kann in einem Schaubild einen besonderen Akzent setzen.

Alles, was sich bewegt, zieht die Blicke an.
Eine **Uhr** lässt sich bei vielen Schaubildern gebrauchen. Es ist nicht sehr eindrucksvoll, wenn wir uns mit der bloßen Abbildung einer Uhr begnügen.
Eine echte Uhr mit sich bewegendem Sekundenzeiger wirkt bestimmt attraktiver. Am besten ist natürlich eine Funkuhr, die dem Betrachter eine exakte Zeitangabe vermittelt. (Farb-Foto Nr. 39)

Eine **Jalousie** oder ein **Rollo** kann die Neugierde der Passanten wecken auf das, was dahinter angedeutet wird. Besonders dekorativ wirkt es, wenn sie schräg hochgezogen wird und etwas daraus hervorschaut.

13

Interessante Effekte ergeben sich auch, wenn man die Glasscheibe des Schaukastens in die Gestaltung mit einbezieht.
Beklebt man von innen den größten Teil der Fläche mit Packpapier o.ä. und lässt nur eine kleine Öffnung als Guckloch frei, wird die Neugierde der Passanten geweckt.
Es ist aber darauf zu achten, dass noch genug Licht in den Kasten fällt. Sonst muss der Innenraum ständig (und nicht nur bei Dunkelheit) beleuchtet werden.
Für eine Gestaltung zu Weihnachten passt es sehr gut, wenn der gesamte Kasten wie ein Paket wirkt, das an einer Stelle aufgerissen wurde und den Durchblick freigibt auf eine Krippenszene oder eine zentrale Aussage über die Menschwerdung Jesu.

Zu Ostern könnte das Guckloch in Eiform ausgeschnitten werden. Auf dem Packpapier steht die Frage: »Wo ist Ostern?« Wenn die Leute in den Kasten schauen, sehen sie entweder eine Andeutung der Auferstehung Jesu, oder sie können einen Bibeltext lesen, der die Osterbotschaft zum Ausdruck bringt.

Wird die Scheibe nicht abgeklebt, sondern mit einem lockeren »Fransen-Vorhang« von innen zugehängt, dringt mehr Licht durch. Die Stricke werden an einigen Stellen zusammengerafft und geben den Blick ins Innere des Kastens frei.

Auf die Frontscheibe kann auch von innen ein Rahmen geklebt werden, der die Hauptaussage des Schaubildes umgrenzt und dadurch besonders betont.

Bei der Vitrinen-Gestaltung auf den Schw.-W.-Fotos Nr. 15, S. 97 und Nr. 49, S. 175 helfen die zwei schwarzen Klebestreifen auf der Scheibe, das Wort JESUS zu erkennen.

Werden mit Sprühschnee Negativ-Formen aufgesprüht, wie das in der Weihnachtszeit manchmal üblich ist, sollte man die kitschigen Klischeeformen vermeiden.

Effekt: Den / Die kenn ich doch!

Wenn der Betrachter im Schaukasten ihm **bekannte Personen** auf Fotos wieder erkennt, wird er sicher den Text dazu noch interessierter lesen.
Besonders in einem kleinen Ort ist die Chance des Wiedererkennens gegeben.

Zum »Jahr mit der Bibel« hatten wir in Gießen über mehrere Wochen jeden Tag eine Anzeige in den Tageszeitungen mit einem Passbild von Gemeindegliedern. Dabei stand »ein Bibelvers, der mir wichtig ist«.
Diese Anzeigen habe ich dann ausgeschnitten und als Fotokopie bei der Gestaltung der Vitrine benutzt. Da konnte man immer wieder Leute beobachten, die nach Bekannten Ausschau hielten.

14

Für den Schaukasten ein Vorschlag, wie man auch den Betrachter mit einbeziehen kann.
Als Bibeltext eignet sich die Aussage in Apg 17,27: »Keinem von uns ist Gott fern« oder die Zusage Jesu: »Ich bin bei euch alle Tage bis an das Ende der Welt« (Mt 28,20).

Die Andeutung einer großen Menschenmenge (Foto oder skizziert) eignet sich als Untergrund.
Im runden Rahmen – ähnlich einer Lupe – erscheinen dann groß die Fotos von Gemeindeleuten.
Ein kleiner runder Kosmetikspiegel wird so aufgestellt, dass sich der Betrachter darin sehen kann. Vielleicht bekommt er dadurch leichter einen persönlichen Bezug zu der Aussage.

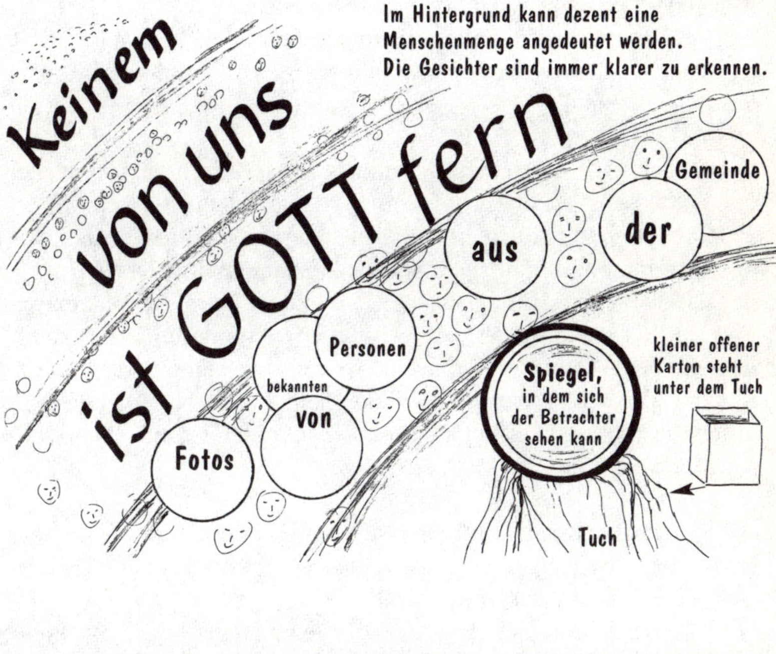

Das Passbild einer bekannten Person kann auch durch mehrmaliges Kopieren und Vergrößern so verändert werden, dass statt der ursprünglichen weichen Übergänge ein starker Kontrast entsteht. Die

Abbildung des Gesichts ist dann reduziert auf markante Stellen, die auch noch deutlich wirken, wenn man sie von weitem sieht.

Mit dem Computer und entsprechenden Zusatzgeräten eröffnen sich ständig neue **Variationen zur Bildbearbeitung** von Fotos. Man kann z.B. alles als Mosaik erscheinen lassen.
Für die Gestaltung des Schaukastens bieten sich dadurch bisher ungeahnte Möglichkeiten.

7.3. Attraktive bildnerische Techniken

Auch durch die Anwendung einfacher bildnerischer Techniken (ohne Computer) kann sich eine Gestaltung aus dem üblichen – oft langweiligen – Bild eines Schaukastens herausheben.
Von der Vielzahl können hier nur einige erwähnt werden. Wir hoffen, dass dadurch Ihre eigene Kreativität angeregt wird und Sie selbst neue Ideen bekommen.

Spritztechnik ist allgemein bekannt. Sie ist einfach zu handhaben und kann sehr dekorativ wirken. Will man einen Sternenhimmel andeuten, nimmt man einen dunkelblauen bzw. schwarzen Plakatkarton, oder man tupft mit einem Schwamm blaue und schwarze Dispersionsfarbe auf die Grundplatte (z.B. Styropor). Ein dicker Haarpinsel wird mit Dispersionsfarbe (evtl. verdünnen) getränkt und dann klopft man mit dem Pinsel, der normalerweise rechts gehalten wird, mit kurzen kräftigen Schlägen gegen die linke Hand. Die Farbe spritzt dann in unterschiedlich großen Punkten auf den dunklen Grund. (Farb-Foto Nr. 31, Nr. 34 und Schw.-W.-Foto Nr. 55, S. 178)

Mit Spritztechnik kann auch eine Negativ-Abbildung erreicht werden, wenn der Gegenstand oder der aufgelegte Buchstabe die Fläche abdeckt, die nicht mit Farbe besprüht werden soll.
Ein Airbrush-Gerät oder ein Fixateur ist optimal für feinen Sprühnebel.

Die billigste Lösung:
Eine mit Farbe getränkte alte Zahnbürste über ein Haushaltssieb streichen.
Sie können auch die Farbe mit einem Pinsel auf das Sieb auftragen und dann mit der Zahnbürste darüberbürsten. Die Größe der Punkte kann reguliert werden durch unterschiedliche Konsistenz der Farbe und mehr oder weniger Abstand zum Papier. (Vorsicht, es kann tropfen, wenn die Farbe zu dünn ist!)

Encaustic ist eine faszinierende Technik, die leicht zu handhaben ist und tolle Effekte bringt.
Erst in den letzten Jahren hat man diese alte Technik wieder entdeckt, daher ist sie noch nicht sehr bekannt.
Sie brauchen dafür nur:
ein Bügeleisen mit einer glatten Bügelfläche, also kein Dampfbügeleisen.
Wachsmalstifte oder -blöcke mit einem hohen Anteil von Bienenwachs (die anderen kleben oder kratzen).
Papier mit einer ganz glatten Oberfläche, damit das Wachs nicht eindringt. Sie können natürlich auch andere nicht saugende Untergründe nehmen. Auf KAPA z.B. lässt sich das Wachs sehr gut auftragen.
Und so wird´s gemacht:
Auf der glatten Fläche eines leicht erwärmten Bügeleisens wird die Wachsmalfarbe geschmolzen. Dann trägt man mit der Bügelfläche die Farbe auf ein nicht saugendes festes Papier oder eine andere glatte Fläche auf. Beim Abheben des Eisens werden Sie erstaunt sein über die zufällig entstandenen Strukturen. Mit dem Eisen können Sie durch Streichen, Schieben, Kanten, Abheben usw. das Wachs immer wieder verändern und neu gestalten. Durch Zufall oder bewusstes Lenken entstehen interessante Formen, Farbmischungen und Effekte, die mit keiner anderen Technik zu erreichen sind.

Wie unter 7.1. erwähnt, eignet sich Encaustic gut für die Umrahmung eines Posters.
Soll das Poster ganzflächig aufgeklebt werden, ist es ratsam, vorher eine entsprechend große Fläche auf dem Untergrund abzudecken, oder nachher mit dem Messer freizuschaben, weil es sonst auf der Wachsschicht nicht so gut klebt.

Noch einfacher ist es, das Poster auf Laminierfolie zu kleben und es mit Nadeln festzustecken.
Bei etwas Abstand zum Untergrund wirkt es reizvoll, wenn man sieht, wie sich das Encaustic-Muster unter dem Poster fortsetzt.

Das Farb-Foto Nr. 29 zeigt ein schlichtes Spruch-Plakat, das mit dem Encaustic-Rahmen sehr dekorativ wirkt. Bei diesem Beispiel wurden viele Farbtöne verwandt. Sehr gut wirkt auch eine Ton-in-Ton abgestimmte Umrahmung. Einen fast plastischen Effekt erzielt man durch die Verwendung von weißem Wachs auf dunklem Grund.

Mit der Encaustic-Technik können Sie auch den oft so sachlichen Mitteilungen und Veranstaltungshinweisen einen interessanten Rahmen geben.

In Bastelgeschäften finden Sie Anleitungshefte, die Ihnen diese faszinierende Technik weiter erläutern.

Papier-Relief kann auch in einem relativ flachen Kasten sehr dekorativ wirken. In die Oberfläche des Papiers (z.B. dünner Zeichenkarton) werden mit dem Skalpell Formen oder einfach nur Linien **geschnitten**. Durch Hochbiegen entstehen Reliefs, die durch ihre Schatten reizvoll wirken. Besonders interessant ist es, wenn man durch die Löcher ein zusammenhängendes Bild erkennen kann. Das Papier mit den Ausschnitten wird am besten in Posterschienen geklemmt und locker vor das Motiv gehängt.

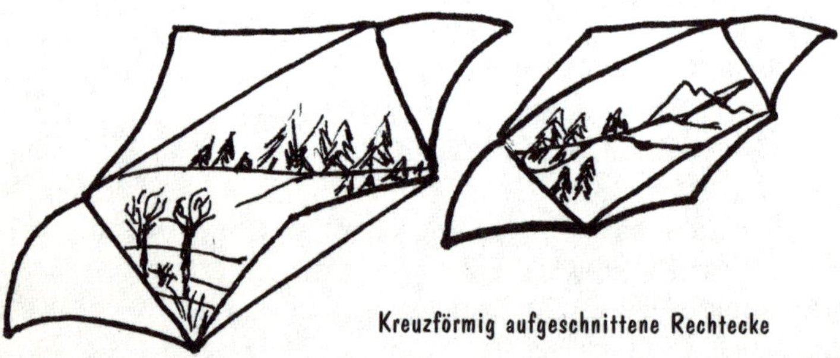

Kreuzförmig aufgeschnittene Rechtecke

Sind Vorder- und Rückseite unterschiedlich gefärbt, entsteht durch das Aufklappen ein schöner Effekt. Weißes Papier hat die größte Schattenwirkung.

Wellen

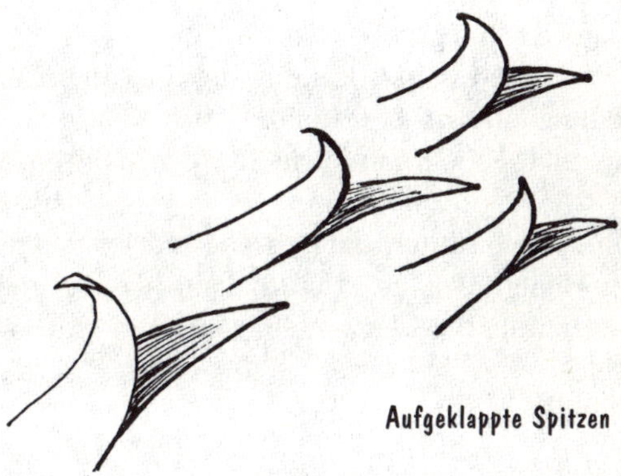

Aufgeklappte Spitzen

Wenn man den Untergrundkarton einritzt oder kleine Öffnungen rausschneidet, kann man Papierstreifen, Kordel, Stoffstreifen, Ketten usw. durch die Schlitze ziehen und eventuell daran etwas aufhängen.
Eine dekorative Spirale entsteht, wenn breites Ringelband durchgezogen wird. Die Spitze kann den Blick auf eine wichtige Mitteilung lenken.

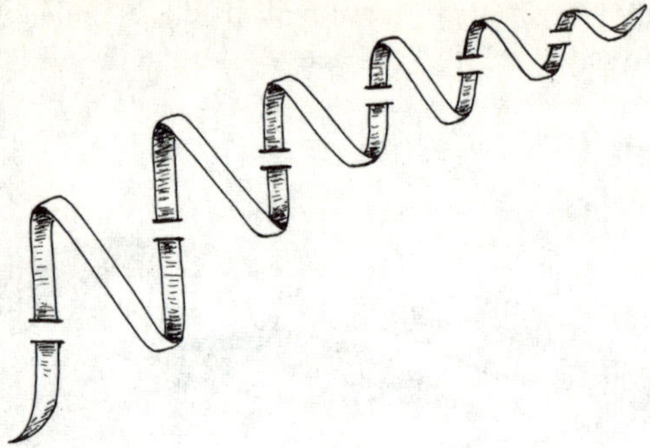

Mit dieser Technik lassen sich auch gut zwei Bereiche im Schaubild voneinander abgrenzen.

Eine besondere Wirkung erzielt man, wenn das Papier nicht geschnitten, sondern **gerissen** wird.
So entsteht eine interessante Umrahmung für einen Durchblick. Die farbige Abbildung auf dem Einband des Buches zeigt ein Beispiel. Das gesamte Schaubild sehen Sie auf dem Schw.-W.-Foto Nr. 34, S. 158.

Wenn der Betrachter durch aufgerissenes Packpapier einen blauen Himmel mit weißen Wolken erblickt, kann das bei ihm schon ein Gefühl von Befreiung bewirken, auch wenn er die Aussage des Textes noch nicht gelesen hat.

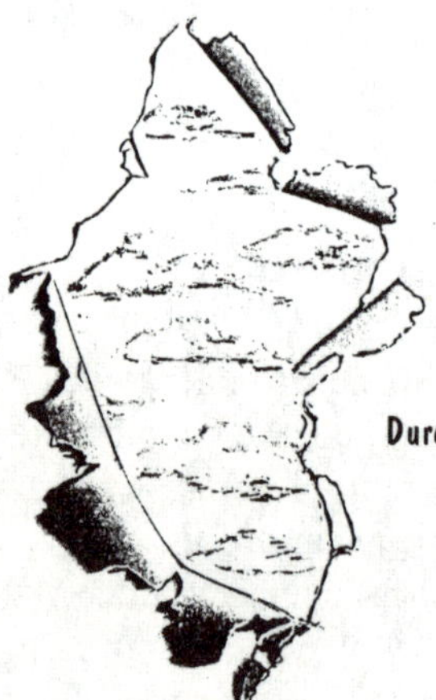

Durchblick zum Himmel

Gehört jemand zu Christus,
dann ist er ein neuer Mensch.
Was vorher war,
ist vergangen,
etwas Neues hat begonnen.
Wir laden ein:
So 10.00 Uhr: Gottesdienst
So 10.00 Uhr: Kinderstunde
Di 19.30 Uhr: Frauenstunde
(14-täg., Ort erfragen)
Di 19.30 Uhr: Jugendstunde
Mi 19.30 Uhr: Bibel- und
Gebetsstunde
Jeder ist herzlich eingeladen!
Nähere Infos bei Fam Jorstik,
☎02761/73034
Frosch
Spülmittel

1

Neues Leben
Bibel
Jesus sagt:
Ich bin das Leben
Wir laden ein:
Sonntag 10.00 Uhr: Gottesdienst
Sonntag 10.00 Uhr: Kinderstunde
Dienstag 19.30 Uhr: Frauenstunde
(14-täg., Ort erfragen)
Dienstag 19.30 Uhr: Jugendstunde
Mittwoch 19.30 Uhr: Bibel- und
Gebetsstunde
Jeder ist herzlich eingeladen!
Nähere Infos bei Fam Jorstik,
☎02761/73034

2

Wenn ich auch fliege bis zum äußersten Meer,
bist du doch bei mir, Herr.
Wir laden ein:
So 10.00 Uhr: Gottesdienst
So 10.00 Uhr: Kinderstunde
Di 19.30 Uhr: Frauenstunde (14-täg., Ort erfragen)
Di 19.30 Uhr: Jugendstunde
Mi 19.30 Uhr: Bibel- und Gebetsstunde
Jeder ist herzlich eingeladen!
Nähere Infos bei Fam Jorztik, ☎02761/73034

3

Suchen Sie im Urlaub das Wertvollste,
die Begegnung mit Gott.
Wir laden ein:
Sonntag 10.00 Uhr: Gottesdienst
Sonntag 10.00 Uhr: Kinderstunde
Dienstag 19.30 Uhr: Frauenstunde (14-täg., Ort erfragen)
Dienstag 19.30 Uhr: Jugendstunde
Mittwoch 19.30 Uhr: Bibel- und Gebetsstunde
Jeder ist herzlich eingeladen!
Nähere Infos bei Fam Jorztik, ☎02761/73034

4

Unser täglich Brot gibt er uns heute.
SNACK
Sonnenblumen Margarine
BUKO
Wir laden ein:
Sonntag 10.00 Uhr: Gottesdienst und Kinderstunde
Dienstag 19.30 Uhr: Frauenstunde (14-täg., Ort erfragen)
Dienstag 19.30 Uhr: Jugendstunde
Mittwoch 19.30 Uhr: Bibel- und Gebetsstunde
Jeder ist herzlich eingeladen!
Nähere Infos bei Fam Jorstik, 02761/72034

5

Weihnachten
ist mehr

6

Glück?
Glücklich ist,
wer dem Herrn vertraut
Wir laden ein:

7

Worte gehen
den Bach
runter,
Gottes Wort
aber bleibt
in Ewigkeit.
Wir laden ein:
Sonntag 10.00 Uhr: Gottesdienst und Kinderstunde
Dienstag 19.30 Uhr: Frauenstunde (14-täg., Ort erfragen)
Dienstag 19.30 Uhr: Jugendstunde
Mittwoch 19.30 Uhr: Bibel- und Gebetsstunde
Jeder ist herzlich eingeladen!
Nähere Infos bei Fam Jorztik, 02761/73034

8

Lebendige Fische schwimmen gegen den Strom.
Nur in Jesus haben wir Leben.
Wir laden ein:
Sonntag 10.00 Uhr: Gottesdienst
Sonntag 10.00 Uhr: Kinderstunde, Teeniekreis
Dienstag 19.30 Uhr: Frauenstunde (bei Petry, Biggestr. 110)
Mittwoch 19.30 Uhr: Bibel- und Gebetsstunde
Jeder ist herzlich eingeladen!
Nähere Infos bei Fam Jorztik,
02761/73034

9

Gott will, dass allen geholfen werde.
Glaube an den Herrn Jesus so wirst du gerettet.
Wir laden ein:

10

Neues erleben -
neue Kraft
schöpfen
Entdeckungen
machen
in der Bibel

11

ist Trumpf
Wir laden ein:
So 10.00 Uhr: Gottesdienst
So 10.00 Uhr: Kinderstunde
Di 19.30 Uhr: Frauenstunde
(14-täg., Ort erfragen)
Di 19.30 Uhr: Jugendstunde
Mi 19.30 Uhr: Bibel- und
Gebetsstunde
Jeder ist herzlich eingeladen!
Nähere Infos bei Fam Jorztik,
02761/73034

12

Farben können
die Welt verändern
Jesus kann
dein Leben verändern!
Wir laden ein:
Sonntag 10.00 Uhr: Gottesdienst
Sonntag 10.00 Uhr: Kinderstunde
Dienstag 19.30 Uhr: Frauenstunde
(14-täg., Ort erfragen)
Dienstag 19.30 Uhr: Jugendstunde
Mittwoch 19.30 Uhr: Bibel- und
Gebetsstunde
Jeder ist herzlich eingeladen!
Nähere Infos bei Fam Jorstik,
02761/73034

13

Ob mit oder ohne
bei
uns
sind
alle
willkommen!

14

ALLE
BRAUCHEN
CHRISTUS
Stundenplan
Nicht vergessen!
Di
16 Uhr

15

Wenn GOTT den Menschen
mißt, legt er das Maßband
nicht um den Kopf,
sondern um das Herz
Ein Mensch sieht, was vor Augen ist,
GOTT aber sieht das Herz an.
1. Samuel 16,7
Sonntag 10.00
Montag 20.00
Dienstag 16.00
Mittwoch 20.00
Donnerstag 15.00
Freitag 19.30

16

Ich weiß zwar nicht,
wo ich hin will,
aber ich
beeile
mich!
Auch
schnelleres Laufen
in die
falsche Richtung
führt nicht
zum Ziel
Jesus spricht:
Kehrt
um und glaubt
an das
EVANGELIUM!

17

Ein
MENSCH
sieht,
was
vor
ist – GOTT
aber
sieht
das
an.

18

Wir brauchen nicht nur Wasser zum TRINKEN-
JESUS gibt Wasser zum LEBEN
Jesus spricht: Wer dieses Wasser trinkt, wird wieder durstig. Wer aber von dem Wasser trinkt, das ich ihm gebe, wird niemals mehr Durst haben. Ich gebe ihm Wasser, das in ihm zu einer Quelle wird, die ewiges Leben schenkt.
SELTERS

19

Er liebt mich... nicht...
JESU LIEBE hängt nicht vom Zufall ab. Du kannst gewiß sein, daß ER Dich liebt.
Und Deine Antwort?
Laßt uns JESUS lieben, denn ER hat uns zuerst geliebt!

20

Liebe
Ohne
GOTTES
LIEBE
ist bald
die Luft raus!

21

EHE
Seminar
27.–29. März 98
mit Dirk & Christa Lüling
Für ...
• befreundete
• verliebte
• verheiratete
Paare jeden Alters.
Liebe
LIEBE
LEBT in der LIEBE, wie auch
CHRISTUS
uns geliebt hat.

22

Jesus Christus spricht:
Was nützt es einem Menschen, wenn er die ganze Welt gewinnt,
dabei aber sich selbst verliert und Schaden nimmt?

23

Damit die Zukunftspläne nicht wie ein Kartenhaus zusammenfallen:
Manche sagen
„Heute oder morgen wollen wir hier- und dorthin reisen. Wir wollen dort ein Jahr bleiben, gute Geschäfte machen und viel Geld verdienen". Ihr plant so großartig und wißt nicht einmal was morgen geschieht! – Darum sagt lieber „Wenn der HERR es will, werden wir noch leben und dieses oder jenes tun!" Ihr aber seid stolz auf eure Pläne u. gebt damit an.
Verlaßt euch stets auf GOTT, den HERRN, denn er ist ein ewiger FELS!
Sonntag
Montag
Dienstag
Mittwoch
Donnerstag
Freitag

24

Darüber wächst kein Gras:
SCHULD
Wenn über eine
dumme Sache
mal endlich
Gras gewachsen ist,
kommt sicher
ein Kamel gelaufen
das alles
Wer seine Sünde leugnet, dem wird's nicht gelingen.
Wer sie aber bekennt und läßt, findet Gottes Erbarmen.

25

Nicht auszudenken, was GOTT aus den
BRUCH-
STÜCKEN unseres Lebens
machen kann,
wenn wir sie ihm ganz überlassen!
Blaise Pascal

26

Nicht erst wenn
alle Stricke reißen,
Beruf
Familie
Gesundheit
Geld
ist GOTT für Dich da!

27

GOTT SPRICHT ZU UNS
durch kleine Fingerzeige,
durch Botschaften
im Alltagsalphabet,
durch Fügungen
von irgendwo
wie Zweige
im Staub
der Straße
hergeweht.
... WIR SOLLTEN AUF IHN HÖREN !

28

GOTT
hat uns nicht
einen Geist der
Verzagtheit
gegeben,
sondern
den Geist
der Kraft,
der Liebe und der
Besonnenheit

29

Freie Evangelische Gemeinde
Den Teufel spürt das Völkchen nie – und wenn er es beim Kragen hätte
Goethe
Wer von GOTT gehalten wird, ist wirklich frei!

30

Freie Evangelische Gemeinde
Der von GOTT besuchte PLANET
Diesen Menschen hat Jesus sehr lieb-
Für ihn kam er in diese Welt
Sonntag 10.00
Montag 20.00
Dienstag 16.00
Mittwoch 20.00
Donnerstag 15.00
Freitag 19.30

31

Krippe ohne Kreuz
ist Kitsch
Wer richtig Weihnachten feiert, denkt auch an Karfreitag u. Ostern

32

JESUS – LICHT DER WELT
Er führt uns nicht hinters Licht, sondern mitten ins Licht hinein

33

Freie Evangelis
JESUS –
das LICHT der WELT
Unsere Funzeln bringen keine Erleuchtung

34

Seit der
HIMMELFAHRT ist
JESUS i.R.*
*in Rufweite
Seine Zusage:
„Ich bin bei euch alle Tage
bis an das Ende der Welt.“

35

WER DENKT
DER DANKT
DASS ES
NICHT SELBSTVERSTÄNDLICH IST,
WENN WIR JEDEN TAG
GENUG ZU ESSEN HABEN.
UNSEREM GROSSEN
GOTT, DEM SCHÖPFER
ALLER GUTEN GABEN

36

FÜR DICH
JESUS erlitt die Schmerzen, die wir verdient hatten. Wegen unserer Schuld wurde er gequält und wegen unseres Ungehorsams geschlagen. Die Strafe für unsre Schuld traf ihn, und wir sind gerettet. Er wurde verwundet, und wir sind heil geworden.

37

JESUS LEBT!
JESUS sagt: Ich lebe und ihr sollt auch leben! Joh 14,19
Gott hat Jesus vom Tod erweckt. Das gibt uns die Gewähr dafür, daß alle Toten einmal auferstehen werden. 1. Kor 15

38

Freie Evangelische Gemeinde
Wer weiss, was nach der letzten STUNDE kommt, braucht den nächsten AUGENBLICK nicht zu fürchten.
WILLKOMMEN! WIR LADEN EIN!

39

Evangelische Gemeind
Brutalität
Krieg
Mord
ANGST
Tod
Terror
Der Fels da oben ist noch da.
Jesus Christus sagt:
aber er kann jetzt nicht mehr auf uns fallen!
In der Welt habt ihr Angst; aber seid getrost, ich habe die Welt über-

40

Freie Evangelische Gemeinde
Das Problem:
Wie werde ich
meine Schuld los?
Mehr als ein
KLOTZ
am Bein
nicht so
nicht so

41

Freie Evangelische Gemeinde
belastet
unvergebene
SCHULD
JESUS
CHRISTUS
nur ER kann
Dich befreien
von der Schuld
an die Du
gefesselt bist
bring Deine
Schuld zu
nicht so
nicht so

42

Die Darstellung eines Kreuzes kann auch durch das Ausreißen von Streifen sehr eindrucksvoll wirken.
Dieses Foto zeigt, wie in der Vitrine eine Säule umkleidet wurde. Bei abendlicher Beleuchtung wurde das Kreuz von innen erhellt.

15

Spaltschnitt-Technik

Hierbei wird das Papier durch Längs- oder Querschnitte auseinander geschnitten (gespalten). Die einzelnen Stücke werden dann auf einen kontrastfarbigen Grund geklebt, und zwar so, dass zwischen den Teilen jeweils ein Spalt sichtbar wird.

Mit dieser Technik kann man sehr schöne grafische Akzente setzen. Als Beispiel sehen Sie den Schnitt eines Gesichts, das durch die kontrastreichen Linien auch von weitem noch gut zu erkennen ist. Für die grafische Figur, die fast plastisch wirkt, wurde ein Quadrat gleichmäßig auseinander geschnitten. Einen besonderen Akzent kann man damit im Schaubild setzen, wenn z.B. das kleine Quadrat an der Spitze auf eine wichtige Mitteilung zeigt.

Spaltschnitt-Technik

Spaltschnitt aus einem Quadrat

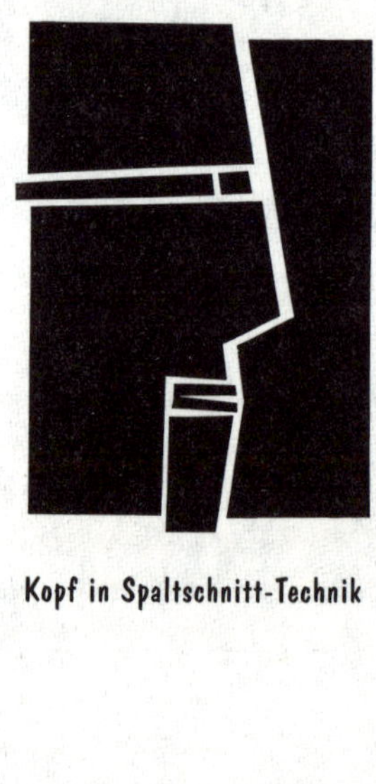

Kopf in Spaltschnitt-Technik

Positiv-Negativ-Kontrast

Aus dieser Technik wirkt ausdrucksstark durch den Kontrast, wenn die herausgeschnittene Form und der negative Ausschnitt in Beziehung zueinander gesetzt werden. Bei schwarz-weiß ist diese Wirkung am größten.

Auf dem Farb-Foto Nr. 36 sehen Sie bei den großen Buchstaben einen Positiv-Negativ-Kontrast, der das Wortspiel noch unterstreicht.

16

Das Kreuz auf diesem Foto wurde aus Styropor hergestellt und mit dem elektrischen Gerät geschnitten. Das ist ziemlich schwierig, weil man beim Schneiden ganz gleichmäßig den heißen Draht durchführen muss. An keiner Stelle darf angehalten werden, weil sonst ein Loch eingebrannt wird.
Wollen Sie dieses Risiko vermeiden, nehmen Sie am besten ein Material, das mit dem Cutter-Messer zu schneiden ist (Selitron oder KAPA).

Wenn bei einer Reihung von Positiv-Formen dazwischen dieselbe Form als Negativ erscheint, wird dadurch schon angedeutet, dass die sture Konformität unterbrochen ist. Dieses eine Teil zieht dann die Blicke auf sich, weil es »aus der Reihe tanzt«.

Schwarz-Weiß-Kontrast

Das folgende Schwarz-Weiß-Foto zeigt eine der bekanntesten Figuren für das interessante Spiel mit der piktografischen Mehrdeutigkeit. Man kann hier entweder zwei schwarze Gesichter im Profil erkennen oder einen weißen Pokal. Der Wechsel beim Betrachten dieses »Kippbildes« ist sehr reizvoll.

17

Zu der Vitrinen-Gestaltung, die ganz auf Schwarz-Weiß-Kontraste abgestimmt war, gehören außer diesem Foto noch die Schwarz-W.-Fotos Nr. 15, S. 97, Nr. 49 und Nr. 50, S. 175.

Kordel-Grafik ist leicht herzustellen und wirkt attraktiv.
Entsprechend zur Größe der Gestaltung nimmt man entweder ein dickes Garn, eine Schnur, eine gut biegsame Kordel oder ein flexibles Kabel. (Schwarz-W.-Foto Nr. 41, S. 165) Einige Materialien, z.B. Pfeifenputzer oder Sisal-Draht lassen sich durch den eingearbeiteten Draht gut biegen und behalten auch die Form.
Zwei Beispiele für Anwendungsmöglichkeiten zeigen die Skizzen.
Das Wort »Weg« sieht interessanter aus, wenn der erste Buchstabe mit einer Kordel in Biegungen über das Schaubild geführt wird.

Erkennen Sie das Kordel-Gesicht wieder? Es entspricht dem dritten stilisierten Kopf im Inhaltsverzeichnis (und auf Seite 111). Auch die anderen Köpfe, die bei den Hauptkapiteln erscheinen, sind gut mit Kordeln nachzulegen.

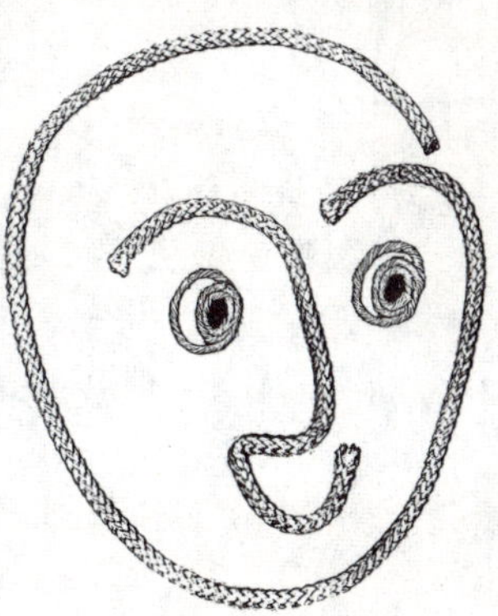

Kordel-Gesicht

Collagen ermöglichen eine Fülle fantasievoller Gestaltungen. Passend zum Thema eines Schaubildes lassen sich damit besondere Akzente setzen.
Für Collagen können Sie Abbildungen aus Zeitschriften, alte Plakate, Reste von Seidenmalerei und allen möglichen kreativen »Abfall« verwenden. Ihrer Ideenvielfalt sind keine Grenzen gesetzt. Die Kombination ganz unterschiedlicher Materialien bringt besonders reizvolle Effekte.
Es gibt so viele interessante bildnerische Techniken, dass man sie im Rahmen dieses Buches gar nicht alle aufzählen kann. Dies soll auch nur eine kleine Anregung sein und eine Ermutigung zum eigenen Ausprobieren.

Noch ein Tipp, wie Sie ganz einfach einen interessanten Akzent setzen können:
Werden zu besonderen Veranstaltungen **Einladungszettel** gedruckt, dann sollte nicht nur einer davon wie verloren im Schaukasten hängen. Legen Sie doch mal mit mehreren einen **Fächer**, eine **Wellenlinie** oder eine ganze **Rosette**. Die gleichmäßige Wiederholung des Motivs,

Einladungen interessant dekoriert

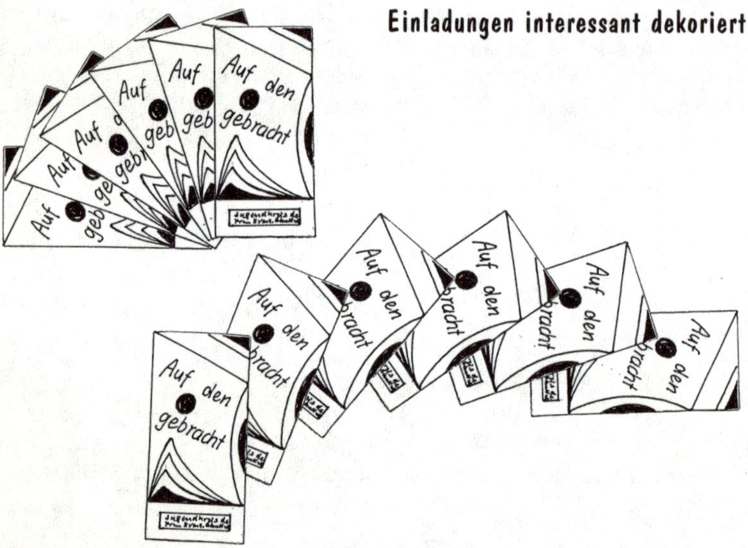

das immer etwas versetzt erscheint, bewirkt ein ganz neues Muster mit manchen grafischen Überraschungen.

7.4. Gestaltungen im Hochformat

In den meisten Fällen sind Schaukästen breiter als hoch. Auch die meisten Abbildungen in diesem Buch sind im Querformat. Aus verschiedenen Gründen stehen manche Schaukastengestalter jedoch regelmäßig vor der Aufgabe, eine Fläche im Hochformat zu gestalten. Deshalb sollen hier noch einige Tipps gegeben werden, wie man Schaukastengestaltungen im Querformat ins Hochformat umsetzen kann.

Bei Schaukästen, die mehrere kleinere Elemente enthalten, ist das Umsetzen in ein anderes Format recht einfach durch das Umgruppieren der einzelnen Elemente zu erreichen. Oft braucht man auch nur den Text, der neben dem Bild steht, über oder unter das Bild zu schreiben (z.B. Farb-Foto Nr. 10 und Schw.-W.-Foto Nr. 4, S. 49).

Bringen Sie Objekte, die im Mittelpunkt des Schaukastens stehen sollen, etwas oberhalb der Mitte an, denn dort befindet sich der optische Mittelpunkt des Schaukastens (siehe Kapitel 5.4. »Die Aufteilung des Schaukastens«).

Fertigen Sie sich alle Elemente für den Schaukasten einzeln an und schieben Sie sie dann auf Ihrem Hintergrund so lange hin und her, bis Ihnen das Ergebnis gefällt. Sicher haben Sie bald heraus, wie man verschiedene Dinge in Ihrem Format am besten zur Geltung bringen kann.

7.5. Materialsammlung als Fundgrube

Wer sich nach der Devise richtet: »Ordnung ist das halbe Leben«, wird alles gleich mit dem Müll entsorgen, was im Moment keinen ersichtlichen Nutzwert hat. Damit bringt er sich aber um manche überraschenden Entdeckungen und spontanen Ideen, die das Durchstöbern angesammelter »Schätze« so interessant machen.

Das andere Extrem wäre der Künstlertyp, der in seinem kreativen Chaos auf- bzw. untergeht, weil er überhaupt nicht mehr durchblickt.

Wahrscheinlich trifft keines von beidem genau auf Sie zu.
Wer »mit Leib und Seele« Schaukastengestalter ist, nimmt seine Umwelt bewusster wahr. Was ihm vor die Augen, an die Ohren und in die Hand kommt, wird auf »Schaukastentauglichkeit« hin überprüft.
Vieles, was für andere wertloser Abfall ist, kann beim passenden Schaubild eine ideale Verwendung finden. Außerdem spart man viel Geld durch Resteverwertung.
Beim Gestalten eines Schaubildes ist die Freude groß, wenn man aus seinem Fundus schöpfen kann und das geeignete Material oder das passende Teil entdeckt.
Manchmal kommt spontan beim Anblick eines interessanten Gegenstandes oder Werkstoffes die Idee zur Gestaltung.
In anderen Fällen wird ein Objekt erstmal verwahrt, weil man es vielleicht irgendwann bei einem Schaubild gebrauchen kann. Dann ist es gut, wenn das Gedächtnis wach ist und man sich an das Aufbewahrte erinnert.

Dinge, die man gut verwenden kann:
Uhr mit klarem Zifferblatt. Am besten ist eine Funkuhr, auf die sich der Betrachter auch verlassen kann.
Marionette. Wenn man ein günstiges Angebot sieht und die Figur passend ist, kann sie schon mal gekauft werden.
Stoffe – im Schlussverkauf recht preisgünstig – sind auch vielseitig zu gebrauchen. Wer näht, hat sicher eine Auswahl an Resten.
Ist der Schaukasten tief genug, können eine Jalousie oder ein Rollo attraktiv dekoriert werden. Manche Geschäfte geben kostenlos gebrauchte Muster ab. Am Beispiel (Schw.-W.-Foto Nr. 13, S. 88) sehen

Sie, wie man mit einer Jalousie, Gardinentüll und einer Hand einen interessanten Blickfang gestalten kann, der die Neugier der Passanten weckt.
Bilder von Menschen, Tieren, Karikaturen, reizvollen Landschaften, interessanten Situationen usw. sammeln sich mit der Zeit an, wenn man Zeitschriften, Prospekte und Werbungen daraufhin durchforstet.

Für eine solche »Fundgrube« braucht man natürlich den entsprechenden »Sammelplatz«. Wenn Sie selbst zu Hause nicht die Möglichkeit haben, Papiere, Kartons, Platten usw. und die entsprechenden Werkzeuge aufzubewahren, gibt es vielleicht in der Gemeinde oder bei Bekannten einen Platz dafür.
Wenn man für jedes neue Schaubild sich die einzelnen Materialien wieder neu besorgen muss, weil kein Vorrat da ist, dann kostet es viel Zeit, Kraft und auch Geld. Manchmal kommen auch erst beim Sichten des vorhandenen Materials die besten Ideen zum Gestalten.

Betrachten Sie beim Stadtbummel mal ganz bewusst die Dekorationen der Schaufenster, um neue Impulse zu bekommen.
Das Durchblättern eines Katalogs mit Deko-Artikeln bringt auch manche guten Anregungen.
Wer gern einen Flohmarkt besucht, wird immer wieder auf originelle Ideen kommen.

8. Die Lagerung der Schaubilder

Zum einmaligen Gebrauch zu schade

Wenn Sie Ihre Schaubilder relativ aufwändig gestalten, ist es sehr schade, diese nur für einige Wochen in den Kasten zu hängen.
Auch das Benutzen der Schaubilder in mehreren Kästen von benachbarten Gemeinden macht eine gute Lagerung erforderlich.

Einige der folgenden Tipps und die Skizzen stammen von Herrn Reinhart Böhm aus Lübeck.

Damit die Schaubilder nicht verstauben, werden sie am besten in große Plastiksäcke eingepackt.

Das Problem besteht meist darin, einen geeigneten Raum zu finden. Er darf nicht feucht sein, weil sich sonst Stockflecken und Schimmel bilden würden. Ein Luft-Entfeuchter kann da aber Abhilfe schaffen.

Optimal wäre natürlich ein gut zu belüftender Raum mit Regalen, die eine Menge großer Zwischenböden besitzen.
Ein Regal kann man sich mit etwas handwerklichem Geschick aus Dachlatten auch selbst herstellen.
Wichtig ist, dass die Schaubilder plan gelagert werden und nicht durchhängen. Bei solchen, die keine feste Grundplatte haben, sondern nur auf Plakatkarton gestaltet wurden, muss also noch eine Trägerplatte untergelegt werden, die sich nicht verbiegt.

Regal-Konstruktion zum Aufbewahren der Schaubilder

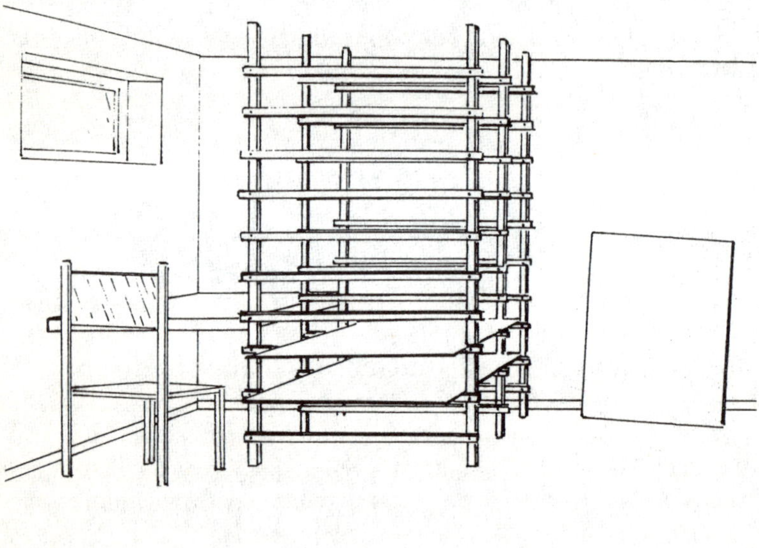

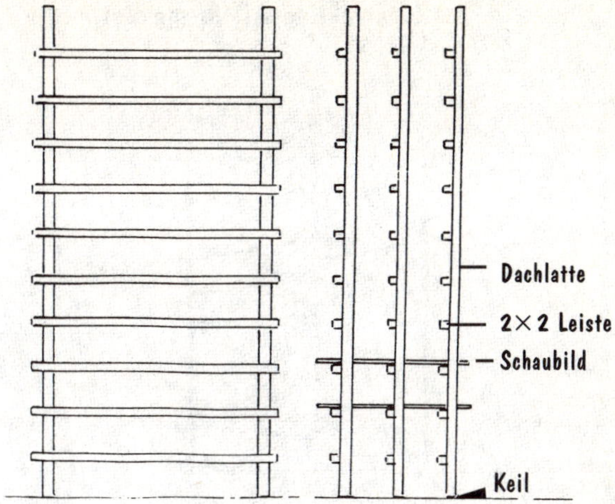

Will man kein festes Regal zusammenbauen, ist folgender Vorschlag interessant:
An der Decke werden 6 Dübel befestigt, in die man 6 starke Haken dreht. Metallketten, die bis zum Fußboden reichen, werden eingehängt. An den Stellen, wo die Ketten den Boden berühren, werden ebenfalls Dübel und Haken angebracht. Damit die Ketten stramm sitzen, fügt man am besten Spannhaken mit ein. Rundstäbe aus Holz, Metall oder Kunststoff dienen als Träger. Sie können in jeder beliebigen Höhe in die Kettenglieder eingefügt werden.
Große Trägerplatten bilden die Lagerflächen.

Konstruktion mit Spann-Ketten

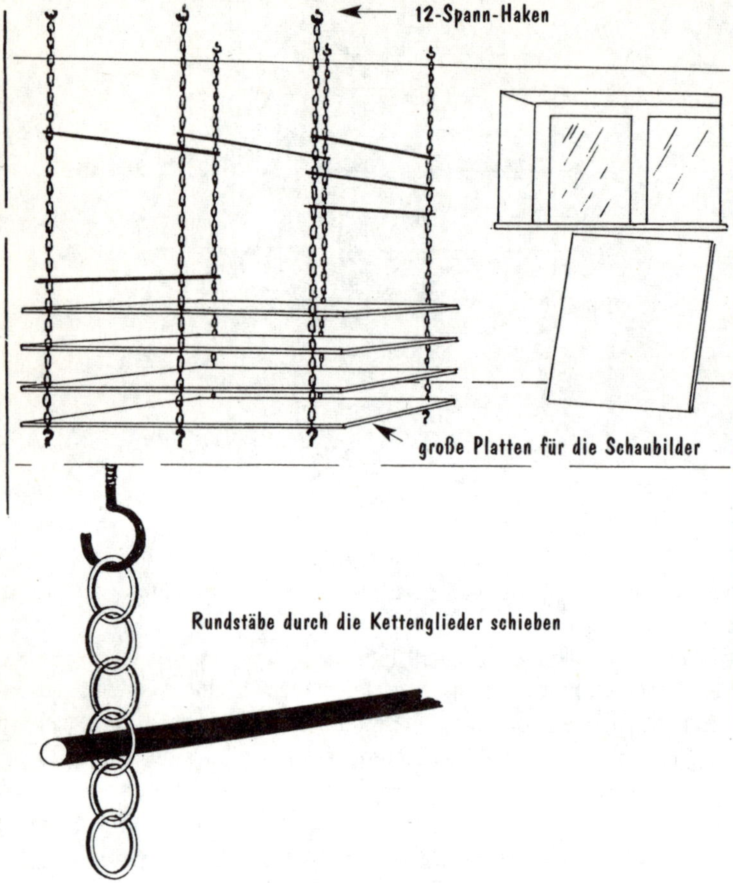

Da die Voraussetzungen zur Aufbewahrung in einem Extraraum oft nicht vorhanden sind, zeigen wir Ihnen mehrere Möglichkeiten für Kompromisslösungen auf.

Es kann zum Beispiel auch der Platz unter einem Treppenabgang genutzt werden, den man sonst nicht gebrauchen kann. Eine Regalkonstruktion aus Latten und Platten wird den Treppenstufen entsprechend angepasst.

Will man auch hier kein festes Regal anbringen, können große Kartons benutzt werden. In Kaufhäusern, in Supermärkten oder beim Elektrogroßhandel kann man solche Kartons bekommen, mit denen Elektro-Großgeräte oder Kleinmöbel verpackt werden.
Achten Sie aber darauf, dass die Abmessungen für die Größe der Schaubilder geeignet sind.
In die senkrecht stehenden Wände des Kartons werden 9 Vierkantleisten eingepasst – immer 3 in gleicher Höhe. Die Leistenenden werden mit 2 Nägeln befestigt, die man durch die Außenwand des Kartons einschlägt. Man kann etwas längere Leisten auch durch die Kartonwand stecken und mit einem senkrechten Nagel sichern. Jeweils 3 Leisten übereinander ergeben mit dem Boden 4 Lagerflächen.
Die Deckel der Kartons schützen vorm Einstauben, deshalb soll man sie nicht abschneiden.
Werden mehrere Kartons übereinander gestapelt, kann man eine ganze Menge Schaubilder unterbringen.

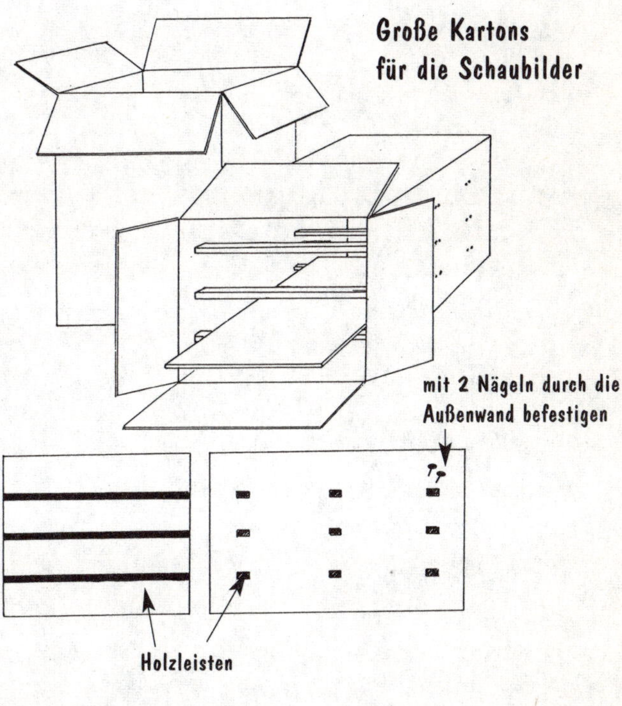

Ist im Gemeindehaus oder in Ihrer Wohnung die Unterbringung solcher Kartons nicht möglich, können Sie vielleicht den Stauraum unter einem Bett nutzen.
Ein rollbarer **Bettkasten** kann schon einige Schaubilder aufnehmen, besonders, wenn sie flach sind.
Ebenso ist eine **Plastik-Unterbettkommode** dafür zu gebrauchen, in der Ihre Schaubilder auch vorm Verstauben geschützt sind.

C Beispiele für Schaukastengestaltungen

1. Beispiele für flache Schaukästen (Doris Schmidt)

Der Schaukasten, den ich gestalte, hat eine Tiefe von 4 cm und eine sichtbare Fläche von 66 x 88 cm. Damit ist er nicht viel größer als eine Din A 1-Pappe, so dass ich meine Schaukästen in der Regel zu Hause auf einer solchen Pappe gestaltet habe, die ich dann an die Korkrückwand im Schaukasten gepinnt habe. Fotografiert habe ich sie meistens zu Hause auf dem Boden.
Aus Platzgründen habe ich auch keinen Teil des Schaukastens für Gemeindeinformationen reserviert. Ich habe die Veranstaltungen unserer Gemeinde in verschiedenen Formaten mit dem Computer geschrieben und bringe sie je nach dem, wie das Schaubild es zulässt, an verschiedenen Stellen an. Oft habe ich sie durch einen farbigen Rand vom übrigen Schaubild abgehoben. Bei den Beschreibungen der Fotos gehe ich hin und wieder darauf ein.

Der Schaukasten befindet sich direkt neben der Eingangstür der Gemeinde (anders ist es leider nicht möglich). Vor dem Haus ist der Parkplatz für die Firma, die den hinteren Teil des Hauses gemietet hat. Ein Gehweg befindet sich nur auf der anderen Straßenseite. Damit das Schaubild auch aus dieser Entfernung gut zu erkennen ist, habe ich durchweg eine recht große Schrift verwendet. Sie besteht meistens aus Pappbuchstaben immer desselben Schrifttyps, von denen ich mehrere Größen in verschiedenen Farben habe.

Bei der Gestaltung des Schaukastens habe ich, wie es auch sonst meine Art ist, versucht, mit möglichst einfachen Mitteln eine möglichst große

Wirkung zu erzielen. In unserer kleinen Etagenwohnung habe ich sowieso nicht viel Platz, um aufwendige Materialien zu lagern.
Meine Schaukästen sind nicht perfekt. Deshalb finden sich bei einigen auch Verbesserungsvorschläge, die mir beim Gestalten der Schaukästen noch nicht eingefallen waren, sondern erst beim Betrachten der Fotos. Für einige Fotos habe ich alte Schaukastenpappen wieder hergestellt, die z.T. viele Monate ausgedient unter dem Sofa lagen und auf die Wiederverwertung der Einzelteile warteten. Auf beschädigte oder ausgeblichene Stellen weise ich in der Beschreibung der einzelnen Bilder hin.

Mein Bildteil ist in zwei Abschnitte gegliedert. Im ersten Abschnitt sind die Bilder chronologisch nach dem Jahresablauf geordnet. Zuerst kommen Schaukastengestaltungen, die sich gut für den Januar eignen, für den Jahreswechsel oder einfach für den Winter. Darauf folgen solche, die zum Frühling, zu Ostern oder zum Sommer passen. Dann schließen sich Schaukastengestaltungen zum Herbst an, den Schluss bilden die für die Weihnachtszeit.
Im zweiten Abschnitt sind Schaukastengestaltungen abgebildet, die zu verschiedenen Zeiten passen. Wenn man sich einen solchen Schaukasten bei Gelegenheit einmal anfertigt, hat man immer etwas parat, wenn die Schaukastengestaltung gewechselt werden muss und man gerade keine Zeit hat.

18

Gott bleibt derselbe

Dies ist ein sehr einfacher, aber wirkungsvoller Schaukasten zur Jahreswende. Die großen Zahlen habe ich selbst entworfen. Die unteren waren ursprünglich genauso groß wie die oberen. Sie wurden vor dem Aufkleben in unregelmäßige Stücke zerschnitten, so dass sie zerbröckelt aussehen. Man kann sie auch noch stärker auseinander fallen lassen.
In der unteren, rechten Ecke, wo die Pappe nicht ausgeblichen ist, befand sich die Gemeindeinformation.

Weitere Anregungen für Schaukastengestaltungen zur Jahreswende:

Ein neues Jahr – eine neue Zeit

»Wenn wir nicht neu werden, wird eine neue Zeit nichts Neues bringen.«
Diesen Satz habe ich mit einem Foto von einem Keimling illustriert (Din A 4-Format, aus einer Zeitschrift). Die Pflanze auf dem Bild ist bis auf das untere Ende ausgeschnitten und steht durch dahinter geklebte, gefaltete Pappstreifen 2 cm vor. Das Loch im Bild, das durch das Ausschneiden der Pflanze entstanden ist, habe ich mit dunklem Papier hinterklebt, damit man es nicht sieht.

Gute Vorsätze

»Gottes Vorsatz fürs Neue Jahr: Ich will dich lieben.«
Das Wort »lieben« habe ich durch ein darunter geklebtes, rosafarbenes Herz in seiner Bedeutung unterstrichen. Natürlich bedeutet Gottes Liebe wesentlich mehr als die Liebe, die wir normalerweise mit rosafarbenen Herzen meinen, aber für die Liebe Gottes gibt es kein Sinnbild, und das Herz drückt ja auch Wärme, Geborgenheit usw. aus.

Gottes einzigartige Schöpfung

19

Dass Schneeflocken einzigartig sind, ist allgemein bekannt. Dass Menschen einzigartig sind, vergisst man im Alltag schnell. Hier soll die Achtung vor dem Mitmenschen erneuert und zum Lob Gottes hingeführt werden. Die Gemeindeinformation wird durch den gelben Rand hervorgehoben bzw. vom übrigen Schaukasten abgesetzt.
Die Schneeflocken sind selbst entworfen, die Menschen sind aus einem Katalog ausgeschnitten.
In einem tieferen Schaukasten würden die Schneeflocken wesentlich besser wirken, wenn sie einzeln an einem Perlonfaden von der Decke herunter hängen würden.

Zu Farb-Foto Nr. 2:
Gott schenkt neues Leben

Die beiden unterschiedlichen Bilder werden durch die Überschrift zusammengefasst. Dieser Schaukasten passt nur im Frühjahr, weil die Leute nur dann aufblühende Blumen (z.B. Osterglocken) mit dem nach dem Winter wiederkehrenden Leben verbinden. Warum der Junge mit der Bibel neues Leben bedeutet, erklärt der Satz darunter. Mit kleinerer Schrift hätte man auch oben links und rechts jeweils »Neues Leben« schreiben können und unten dann links: »Blumen blühen auf« und rechts: »Jesus sagt: Ich bin das Leben«.

Wohin mit unserer Schuld?

20

Für diesen Schaukasten habe ich drei Stöcke aus dem Wald verwendet; zwei kurze sind waagerecht an die Pappe genäht, ein langer senkrecht. Das Wort »Schuld« ergänzt die Aussage des Schaukastens, indem es die Last, von der Jesus uns befreit, näher definiert. Anstelle der Pappe mit dem Wort »Schuld« hätte man auch einen abgerissenen Zettel anheften und das Wort noch mehr in Schreibschrift schreiben können. Bei mir habe ich mehr auf gute Lesbarkeit geachtet, weil die Leute in größerer Entfernung vom Schaukasten vorbeigehen.

Zu Schwarz-W.-Foto Nr. 3 (Seite 43): Auferstehung

Bewusst wurde die Frage, mit der der Engel die Frauen in der Bibel persönlich anspricht (Lk 24, 5b), mit der Hand geschrieben, um mehr Lebendigkeit zu signalisieren. Die oberen Zeilen kann man am Ende auch mit Satzzeichen versehen, z.B. Doppelpunkt und Ausrufezeichen. Sie lenken aber etwas von der Gleichförmigkeit der Worte »erlebt« und »Er lebt« ab. Das »Er« habe ich trotzdem groß geschrieben, weil mir die Ähnlichkeit sonst zu groß war.
Als Bild kann man irgendetwas verwenden, was neues Leben darstellt, z.B. eine Knospe, ein frisch geschlüpftes Küken oder natürlich auch das leere Grab. Letzteres habe ich vermieden, weil man es in der Osterzeit zu oft abgebildet sieht und kaum noch darauf reagiert. Es macht die Passanten nicht mehr neugierig.
Die Gemeindeinformation habe ich hier schlicht weiß gehalten; das hebt sich von einem so bunten Schaukasten (orange, gelb, grün) am besten ab.

Warum starb Jesus?

Auf der Abbildung kann man nicht so gut erkennen, dass die rechte Hälfte des Tores etwas geöffnet ist. Das Kreuz ragt in die Öffnung hinein. Der Riegel, der mit dem Wort »Sünde« beschriftet ist, ist zerbrochen. Dieser Schaukasten ist für eine säkulare Umgebung nicht so gut geeignet. Den Passanten sollte bekannt sein, dass Sünde den Menschen von der Gemeinschaft mit Gott und damit vom wahren Leben abhält.
Rechts oben ist Platz für die Gemeindeinformation. Ich hatte sie schräg angeheftet, damit sie sich von der Schrift besser abhebt.

Weitere Anregungen für Schaukastengestaltungen zu Ostern:

Gott beschenkt uns reich

»Alle sparen – Gott nicht«
Diesen Spruch habe ich auf hellgrünem Hintergrund mit einem dunkelgrünen Hügel mit 3 Kreuzen darauf illustriert. Auf dem Hügel stand mit weißen Buchstaben geschrieben: »Er hat alles für dich gegeben.« Zu dieser Zeit war die politische Diskussion ums Sparen besonders aktuell.
Was die drei Kreuze mit dem auf den Hügel geschriebenen Satz zu tun haben, ist in der katholisch geprägten Umgebung meines Schaukastens hinreichend bekannt. Menschen, die grundsätzlich daran zweifeln, dass Jesus Gottes Sohn ist, dass er gekreuzigt wurde, usw., sagt dieser Schaukasten nicht viel.

Jesus ist der einzige Weg zu Gott

»Ohne mich kommt keiner zum Vater«
Unter diesem Spruch habe ich 2 »Felsen« aus grau bemaltem Styropor angebracht, die von einem Kreuz als Brücke zwischen den beiden »Felsen« verbunden wurden. Am Fuß der Felsen kann man aus Stoff, Pappe, Kunstrasen o.ä. den Grund darstellen, aus dem die Felsen auf-

ragen. In einer mehr säkularen Umgebung müsste man den Spruch evtl. mit »Jesus spricht« anfangen.

Der Geist verändert

22

Hier ist zu erkennen, dass zwei der gelben Buchstaben aus einer später gekauften Pappe ausgeschnitten wurden. Sie sind nicht so stark ausgeblichen wie die anderen. Die roten Buchstaben sind von meinen größeren Buchstabentypen abgeleitet und mit gelben Wasserfarben bemalt. Sie erinnern an die Flammen, die am ersten Pfingstfest über den Köpfen der Jünger standen (Apg 2,3). Sind wir auch heute noch begeistert von Gott?
Als Blickfang dient hier das rote Wort, es ist daher kein Bild im Schaukasten. Weil das Wort keinen besonders starken Blickfang darstellt, habe ich die Gemeindeinformation nicht bunt umrahmt.

Zu Farb-Foto Nr. 3:
Urlaub mit Gott

Den bekannten Vers aus der Bibel (Psalm 139, 9+10) habe ich für den Schaukasten etwas abgeändert, damit er einprägsamer ist. Der Sinn bleibt derselbe. Die Bilder stammen aus Reisekatalogen. Wegen der in die Bilder hineinragenden Schrift, musste ich sie in dieser Form ausschneiden.
Im Zusammenhang von Psalm 139, 9+10 geht es darum, vor Gott zu fliehen, während das Fliegen bis zum äußersten Meer hier Urlaub, Vergnügen bedeutet. Aber ist das Streben nach Genuss pur nicht oft verbunden mit einer Flucht vor der Verantwortung vor Gott? Sich auch im Urlaub, ja gerade dann, auf Gott zu besinnen, dazu möchte dieser Schaukasten auffordern.

Zu Farb-Foto Nr. 4:
Urlaub: Chance zur Besinnung

Dieser Schaukasten hat einen sehr auffälligen Blickfang, deshalb habe ich ein unauffälliges Braun als Hintergrund gewählt. Die Muscheln wurden mit Uhu, die größeren mit Pattex angeklebt. Einige habe ich zusätzlich gesichert, indem ich sie mit unauffälligem Nähgarn angenäht habe. Der Faden wurde dabei z.B. in einer Rille um die Muschel geführt, wo man ihn nicht so sieht. Man hätte die Muscheln auch mit der Heißklebepistole befestigen können. Dabei wäre dann darauf zu achten gewesen, dass möglichst wenig Klebstoff übersteht.
Die Gemeindeinformationen habe ich bewusst mit Gelb umrahmt, weil ich sie in Zusammenhang bringen wollte mit den gelben Wörtern. Der Rahmen könnte allerdings etwas breiter sein.

Halt finden bei Gott

23

Was mit einem Drachen passiert, der nicht gehalten wird, ist wohl jedem klar: Er fliegt einfach fort und landet bald auf der Erde; ganz abgesehen davon, dass ein Drachen ohne Schnur gar nicht erst losfliegt.

Wo wir Menschen Halt finden können, bleibt dem Betrachter überlassen. Dadurch, dass der Schaukasten vor der Tür einer christlichen Gemeinde hängt, ist aber leicht zu erraten, dass Gott gemeint ist. Sonst kann man durch Umstellen der einzelnen Elemente im Schaukasten auch Platz gewinnen für einen passenden Bibelvers.

Zu Farb-Foto Nr. 5: Gott versorgt uns

Hier habe ich eine sehr bekannte Bitte aus dem Vaterunser verwendet. Was mit dem Wort »Brot« noch gemeint sein kann, zeigen die Gegenstände recht deutlich. Dabei habe ich bewusst auch moderne Nahrungsmittel verwendet.

Die unebenen Teile sind an die Pappe genäht, die ebenen geklebt worden. Von der Margarineschachtel habe ich nur den Deckel angeklebt, weil mein Schaukasten nicht tief genug für die ganze Schachtel ist.

Unser Wohlstand kommt von Gott

24

Diesen Schaukasten habe ich kurz nach der Bundestagswahl 1998 aufgehängt. Zur Illustration für Wohlstand dienen hier die typischen Symbole für reichliches Essen: Weizenhalme und Brot in Form von getrockneten Brotscheiben, die an die Pappe angenäht wurden.
Da der Text, mit den von mir normalerweise verwendeten Pappbuchstaben geschrieben, nicht ganz auf die Pappe passte, habe ich 3 Begriffe auf Papierstreifen einer ähnlichen Farbe geklebt und so auf die Pappe aufgeklebt, dass sie etwas überstehen. Das hebt sie hervor und lockert zugleich die Form der Pappe auf, ebenso die von unten »hineinwachsenden« Weizenhalme.
Natürlich kümmert Gott sich auch um arme Leute. Doch in einem Schaukasten können nicht alle Aspekte berücksichtigt werden.

Zu Schwarz-W.-Foto Nr. 1 (Seite 42):
Gott schenkt so viel

Die Karos in der linken Hälfte des Schaukastens sind aus acht verschiedenen Farben, um die Vielfalt der Dinge zum Ausdruck zu bringen, für die wir Gott danken können. Deswegen habe ich sie auch in zwei ver-

schiedenen Richtungen beschriftet. Mehr Unterschiedlichkeit würde verwirren.
Die Gemeindeinformation habe ich bewusst mit einem runden Rahmen versehen, damit sie sich von den Karos abhebt.

Licht des Lebens

25

Für diesen Schaukasten habe ich eine schwarze Pappe mit Lineal und Cuttermesser in sehr schmale Streifen geschnitten, die einzeln aufgeklebt wurden. Die in der unteren Hälfte herausgeschnittenen Streifen habe ich dann in der oberen Hälfte verwendet. Der Text unter den Streifen lautet: »löscht die Sonne aus«. Die Buchstaben sind aus zwei verschiedenen, ursprünglich gleichfarbigen, gelben Pappen ausgeschnitten. Man sieht das daran, dass einzelne Buchstaben nicht so stark ausgeblichen sind wie die anderen. Auch zwei Pappen einer Farbe bleichen nicht unbedingt gleich schnell aus, wenn sie zu verschiedenen Zeiten gekauft wurden!
Den Spruch habe ich bewusst durch das Bild nicht ergänzt, sondern wiederholt, um den Unterschied zwischen der hellen Sonne (großer, gelber Kreis) und der Laterne (kleiner, gelber Fleck mit zittrigem Rand) nochmal deutlich zu unterstreichen.
Die Gemeindeinformation hatte ich rechts am Rand angebracht.

26

Die Häuser bestehen aus brauner Pappe mit ausgeschnittenen, schwarz hinterlegten Fenstern und Türen. Einige sind direkt auf die blaue Pappe geklebt, die meisten aber sind auf Wellpappe aufgeklebt, die hinteren auf eine Lage, die vorderen auf mehrere, so dass ein plastischer Eindruck entsteht. Der Stall mit der Krippe steht am meisten vor und hebt sich auch durch seine andere Form gut vom Dorf ab.
In der Woche vor Weihnachten habe ich vor der Gemeindeinformation von innen an die Scheibe die Einladung für die Weihnachtsgottesdienste gehängt.

Zu Farb-Foto Nr. 6:
Was ist Weihnachten?

Die Geschenke in diesem Schaukasten sind eingewickelte Pappen. Die Kerzen sind aus Pappe ausgeschnitten und aufgeklebt. Die Zweige sollten möglichst wenig nadeln, sonst muss man sie nach 2 Wochen austauschen. Eibenzweige nadeln z.B. überhaupt nicht. Die untere Ecke der Pappe ist hochgebogen, als schaute ein neugieriger Mensch darunter. Was zum Vorschein kommt, ist der eigentliche Sinn von Weihnach-

ten: Die Krippe. Sie ist bewusst unscheinbar gehalten, denn das Wichtige an Weihnachten ist ja im Gegensatz zu all den Äußerlichkeiten unscheinbar.
Wer etwas mehr Platz hat oder die einzelnen Elemente anders anordnet, kann oberhalb der umgebogenen Ecke auch noch eine Schere anbringen, die die Pappe einschneidet, so dass man sie noch besser umschlagen kann. Für meinen Schaukasten war mir das zu viel.
Die Gemeindeinformation hatte ich in der oberen rechten Ecke angebracht.

Zu Schwarz-W.-Foto Nr. 2 (S. 42):
Wo Jesus ist, ist Frieden

Bewusst habe ich in diesem Schaukasten die Schrift bogenförmig angeordnet, um Jesus (die Krippe) wirklich in die Mitte stellen zu können. Die Gemeindeinformation habe ich flach am unteren Rand angeordnet, um diese Form nicht zu stören.

Weitere Anregungen für Schaukastengestaltungen zu Weihnachten:

Gottes Geschenk an uns

»Das schönste Geschenk: Gott wurde Mensch.«
Diesen Satz habe ich mit einem schön eingewickelten »Geschenk« (ein flacher Pappkarton) dekoriert.

Jesus kommt wieder

»Advent – Gott wurde Mensch – Jesus lebt heute – Jesus kommt wieder – Sind Sie bereit?«
Diesen Schaukasten habe ich mit Tannenzweigen dekoriert, auf denen ich 4 Kerzen aus Pappe angebracht habe. Die Kerzen habe ich mit dem

unteren Ende in die Zweige gesteckt, am oberen Ende mit Hilfe eines gefalteten Pappstreifens mit entsprechendem Abstand vom Hintergrund angeklebt.
Das Wort »Advent« stand groß oben drüber, die anderen Textelemente jeweils auf den Flammen der Kerzen. Zunächst habe ich nur die erste Flamme angebracht, ab dem 2. Advent an jedem Sonntag eine mehr.

Gott wurde Mensch

»Schon viele Menschen wollten Götter sein ...
... aber nur ein Gott wollte Mensch sein.«
Diesen Spruch habe ich mit Bildern entsprechender Personen, wie z.B. Buddha, Bhagwan, Lenin, Napoleon, Hitler, Cäsar, Alexander der Große, Tut-ench-Amun, Mao Tse-tung dekoriert. Dem gegenübergestellt habe ich die Futterkrippe mit dem Jesuskind darin.

Schaukastengestaltungen, die zu jeder Jahreszeit passen:

Schatzsuche

27

Das Bild in diesem Schaukasten ergänzt den Spruch etwa mit: »Dann findest du einen Schatz.« Der kleiner geschriebene Text erläutert, welcher Schatz das ist.
Dieser Schaukasten entstand in Zusammenarbeit mit Monika Schröder auf dem Schaukastenseminar der CMA (Christliche Medien-Akademie). Die Muschel wurde aus einer Zeitung kopiert und vergrößert. Den Schatten für die Perle haben wir ergänzt. Die Muschel ist nur in der Mitte angeklebt worden, so dass man die obere und untere Hälfte etwas nach vorne knicken kann. Die Perle wurde extra aus weißer Pappe ausgeschnitten, mit Bleistift leicht bemalt und mit Hilfe eines mehrfach geknickten Pappstreifens so befestigt, dass sie ca. 2 cm vor der Muschel stand.
Auf der lilafarbenen Hintergrundpappe hebt sich der gelbe Rahmen der Gemeindeinformation gut ab.

Zu Farb-Foto Nr. 7:
Wahres Glück

Die Papierstreifen mit den Spielfiguren wurden aus einer Reklameschrift ausgeschnitten, die 1-2 Wochen vor der Schaukastengestaltung in unserem Briefkasten lag. Da wir eine Wohnung in einem 5-Familienhaus bewohnen, fand ich noch mehr dieser Schriften im Altpapier und konnte noch mehr Spielfiguren ausschneiden. Das Bild und die Würfel hatte ich lange vorher mal aus einer Zeitschrift ausgeschnitten. Da die Schrift auf dem Bild zu klein ist, habe ich sie vergrößert aus weißer Pappe noch einmal ausgeschnitten und in der gleichen Krümmung über das Bild geklebt.
Die Gemeindeinformationen habe ich für das Foto durch die Kopiervorlage ersetzt, weil das Original gerade wieder im Schaukasten war. Beim Original fehlen die Ecken natürlich nicht.

Zu Farb-Foto Nr. 8:
Gottes Wort bleibt bestehen

Die Idee für diesen Schaukasten stammt von Bärbel Kotzem, ich habe ihn nur nachgearbeitet.

Das Bild ergänzt in diesem Fall den Spruch nicht so gut wie im letzten Beispiel, es wiederholt die Worte »den Bach runter«. Durch den abwärts gerichteten »Fluss« des »Baches« und das Schiffchen aus Zeitungspapier wird dem Betrachter nochmal besonders deutlich die Vergänglichkeit vor Augen geführt. Wie schnell ist ein Schiffchen beim Spiel weggeschwommen, wie schnell sind die Nachrichten aus der Zeitung veraltet!
Noch besser wäre der Schaukasten geworden, wenn ich den vergänglichen Charakter des ersten Satzteils durch kleinere oder kursive Schrift unterstrichen hätte. Die Wichtigkeit von Gottes Wort hätte auch durch eine auffälligere Farbe des zweiten Satzteils betont werden können. Aber bitte nicht blau, damit keine Verbindung zum Bach hergestellt wird.

Ich sehe rot!

28

Dieser Schaukasten würde noch besser wirken, wenn die Herzen mit den Worten »Gott liebt dich!« in derselben Höhe und Form wie die Ampel mit den Worten »Du sollst nicht ...« angebracht wären. Leider hätte ich dann keinen Platz mehr für die Gemeindeinformation gehabt. So war sie direkt unter den Worten »liebt dich!« angebracht. Auch in den Gemeindeveranstaltungen erfährt man ja Gottes Liebe.

Vielfalt der Gemeinde

29

Die Farbpalette kann, wenn man die »Farbtöpfchen« dichter zusammenrückt, ohne weiteres auch 6 oder 7 Farben enthalten. Bei Gemeinden mit noch mehr Veranstaltungen sucht man sich für diesen Schaukasten die wichtigsten heraus. Kleinere »Farbtöpfchen« sind zu schlecht lesbar.

Das Wort »bunter« kann auch mit Buchstaben in den Farben der Farbtöpfchen geschrieben werden.

Den Hintergrund habe ich in diesem Fall mit weißem Stoff gestaltet, um die Malerleinwand anzudeuten.

Eine Gemeindeinformation kann in diesem Fall weggelassen werden, weil die Termine bereits in der Schaukastengestaltung enthalten sind.

30

Das Bild ergänzt in diesem Schaukasten die Schrift um den Zusatz: »... sondern wie tief wir wurzeln.« Der Baum mit den flachen Wurzeln kippt um, weil er keinen Halt hat. Das Wurzelwerk des rechten Baumes könnte ruhig noch größer sein.
Um die Erde darzustellen, in der die Bäume wachsen, habe ich auf die blaue Pappe unten eine unregelmäßig abgeschnittene, braune geklebt. Sie sollte möglichst hell sein, damit man die Schrift noch gut lesen kann. Ich habe diesen zweiten Satzteil bewusst nicht weiß auf dunklerem Hintergrund geschrieben, um ihn nicht positiv hervorzuheben.
Auch hier habe ich die Gemeindeinformation durch einen ganz anders gefärbten Rand hervor- bzw. abgehoben.

Zu Farb-Foto Nr. 9: Den Glauben leben

Die hellblauen Fische habe ich aus Pappe ausgeschnitten und bewusst auf eine dunkelblaue Pappe geklebt, um die Einförmigkeit noch zu unterstreichen. Der rote Fisch fällt dagegen auf. Er schwimmt nicht nur in eine andere Richtung, sondern hat auch einen gegabelten Schwanz und ein Auge. Der Rahmen um die Gemeindeeinladung hat dieselbe Farbe wie dieser Fisch.

Zu Farb-Foto Nr. 10: Rettung

Der Rettungsring besteht aus einem Styroporring, wie man ihn für Adventskränze kaufen kann. Ich habe ihn zum Teil mit rotem Krepppapier überzogen, das ich auf der Rückseite mit Stecknadeln befestigt habe. Die weiße Plastikschnur (eine Kordel hätte mir noch besser gefallen, aber bitte nicht aus flauschiger Wolle) wird von 4 weißen Stoffstreifen gehalten, die ebenfalls auf der Rückseite mit Stecknadeln befestigt sind. Die Gemeindeinformation wird durch das Bild drumherum sehr gut vom übrigen Inhalt des Schaukastens abgesetzt. Leider ist die Schrift dadurch so klein, dass man sie nur mit Mühe lesen kann, selbst wenn man direkt vor dem Schaukasten steht. Deshalb habe ich diese Form der Gemeindeinformation sonst nicht mehr verwendet.

Zu Farb-Foto Nr. 11: Entdeckungen machen

Das Bild in diesem Schaukasten habe ich in einem Prospekt entdeckt. Es war nur wenige Zentimeter groß. Ich habe es von Hand vergrößert, weil ich es sowieso etwas abändern musste. Die Streifen und die Vögel sind aus Pappe ausgeschnitten und aufgeklebt, die Vögel nur in der Mitte, so dass man die Flügel hochknicken kann.
Die Gemeindeinformation hatte ich unten am Beginn des »Regenbogens« angebracht.

Zu Farb-Foto Nr. 12: Kreuz ist Trumpf

Das Bild in diesem Schaukasten stammt von einem Plakat für eine Evangelisation. Darüber habe ich Karten aus einem Skatspiel geklebt, das man recht billig kaufen kann.

Die Rückwand habe ich in unauffälligem Braun gehalten, um nicht von dem Bild abzulenken.
Mit einem Rahmen in derselben Farbe wie das Kreuz hätte man die Gemeindeeinladung bewusst in Beziehung zu dem Spruch bringen können.

Ruhe oder Frieden

31

Dies ist ein etwas provozierender Schaukasten. Um die Aufmerksamkeit des Betrachters davon weg und auf die positive Aussage zu richten, habe ich die Wörter »Ruhe« und »Frieden« violett geschrieben. Man kann den Schaukasten auch dann verstehen, wenn man weiter weg steht und die Wörter auf dem Palmblatt nicht lesen kann. Sie füllen das Wort »Frieden« mit Inhalt. Auch sollen sie die Fantasie des Betrachters anregen, wie er in diesen Bereichen seines Lebens wohl für mehr Frieden sorgen könnte.
Den Rahmen der Gemeindeinformation habe ich im selben Violett gehalten wie die zwei Worte oben. Auch dadurch, dass wir unter Sein Wort kommen, kann Gott uns Frieden schenken.

Jesus ist die Antwort

32

Bei diesem Schaukasten ist der untere Rand durch lange Lagerung nach dem Gebrauch beschädigt worden. Ich möchte mich für die ungenaue Wiederherstellung entschuldigen. Die dritte Zeile muss natürlich denselben Zeilenabstand zur nächstoberen haben wie die zweite Zeile. Die Gemeindeinformation hing ursprünglich etwas höher, wie man an der nicht ausgeblichenen Stelle der Pappe sieht.
Die Figuren stammen aus den Heften »Die Bibel« und »Jesus« des Bibellesebundes Marienheide (Höfel Nr. 6, 51709 Marienheide). Ich habe sie z.T. leicht verändert und mit Sprechblasen versehen.

Zu Farb-Foto Nr. 13:
Der Glaube an Jesus verändert

Dieser Schaukasten wurde mit Wasserfarben direkt auf die Pappe gemalt. Die Pinsel habe ich ohne sie vorher auszuwaschen mit Zwirn an die Pappe angenäht. Heller Zwirn, doppeltes Nähgarn in der Farbe der Pappe oder ein durchsichtiger Perlonfaden wären noch weniger sichtbar gewesen.

Die Gemeindeinformation habe ich für das Foto durch die Kopiervorlage ersetzt, weil das Original gerade wieder im Schaukasten war. Beim Original fehlen die beiden unteren Ecken natürlich nicht.
Wenn ich die oberen zwei Zeilen etwas schräg nach oben hätte laufen lassen, würde die Gemeindeinformation nicht so reingequetscht aussehen. Das lässt sich aber nicht mehr korrigieren, wenn man mit Wasserfarben erst einmal angefangen hat zu malen. Aus diesem Nachteil heraus entstand auch die Blume über dem Wort »Leben«. Dort hatte ich gekleckst.
Dieser Schaukasten passt besonders gut im Frühling oder im Herbst.

Jesu Tod – mein Leben

33

Dieser Schaukasten enthält einen flachen Schieferstein, der normalerweise mit einem darauf gemalten Bild, das jetzt nach hinten gekehrt ist, bei uns in der Küche an der Wand hängt. Hier dient er als Grabstein und ist mit einem silbernen Stift beschrieben. Ich habe ihn in eine angeklebte und zusätzlich noch mehrfach angepinnte Tasche aus grüner Pappe gestellt. Man kann aber auch einfach eine schwarze Pappe als Grabstein verwenden.

Der Text ist mit und ohne den auf grünem Grund stehenden Teil lesbar. Deswegen habe ich die Gemeindeinformation auch nicht rechts in die große Lücke gehängt, damit sie den Satz »Ich darf leben, weil Jesus starb« nicht unterbricht.
Dieser Schaukasten passt besonders gut im November (Ewigkeitssonntag) oder auch zu Ostern.

Weitere Anregungen für Schaukastengestaltungen:

Das Wichtigste im Leben

»Gott ist durch nichts zu ersetzen.«
Diesen Spruch habe ich mit Bildern von einem Auto, einem Haus, einem Strand, einer glücklichen Familie und einem Wald dekoriert. Man kann aber praktisch alles nehmen, was den Menschen wertvoll ist, z.B. auch einen Fernseher, Computer, ein verliebtes Paar u.v.m.

Gottes Angebot in der Bibel

»Lesen Sie Gottes Angebot!«
Der obere Teil dieses Schaukastens ist angefüllt mit Sonderangeboten aus den vielen Werbeprospekten, die einem so ins Haus flattern. Hinter der Aufforderung habe ich eine Bibel angebracht, auf der vorne auch »Die Bibel« draufstand, so dass man sehen konnte, was es ist. Man kann die Aufforderung aber auch mit einem Doppelpunkt beenden und dann ergänzen: »Die Bibel«.

Gott kann helfen

»Gott weist Wege aus der Ausweglosigkeit«
Zu diesem Spruch habe ich ein großes Bild von einem Labyrinth angebracht, das man sich leicht aus schwarzen und weißen Streifen selbst herstellen kann. Man kann auch ein Suchbild für Kinder vergrößern

oder sogar aus dunkel bemaltem Styropor ein Labyrinth mit richtigen Gängen herstellen.

Menschliche Unzulänglichkeit

»Der Mensch ist als Geschöpf ohne den Schöpfer bald erschöpft« (Liedrefrain von Arno & Andreas).
Den Spruch habe ich mit einem Bild von einem Hamster im Laufrad illustriert, wie ich es mal in einer Zeitschrift fand.
»Der Mensch« ist bewusst in größerer Schrift direkt neben das Bild geschrieben, um zu zeigen, wie der Mensch eben ist: Er tritt auf der Stelle, dreht sich um sich selber. Die Buchstabenfolge »schöpf«, die sich dreimal wiederholt, steht jeweils genau untereinander, um die Wiederholung deutlicher zu machen.

Heilung

»Gott heilt, die zerbrochenen Herzens sind.«
Diesen Satz habe ich mit einem Kinderpuzzle, wie man es manchmal recht billig kaufen kann, dekoriert. Links ist das Puzzle zusammengelegt, nach rechts fallen die Teile immer mehr auseinander. Mit der Bildseite nach hinten sind die Teile auf eine Pappe aufgeklebt.
Für Gott ist das Heilen von zerbrochenen Herzen genauso einfach wie für uns das Zusammenlegen eines solchen Puzzles. Beim Anfertigen dieses Schaukastens kam mir unwillkürlich die Frage: Traue ich Gott das auch wirklich zu?

Gott liebt Sie

»Wussten Sie schon, dass Gott eine dauerhafte Liebesbeziehung zu Ihnen möchte?«
Unter die Worte »Wussten Sie schon, ...« habe ich verschieden gestaltete Heirats- und Verlobungsanzeigen geklebt, darunter den restlichen Text.

Lebendiges Wasser

»Wasser, das wir suchen – Wasser, das wir brauchen«
Links neben den ersten Satzteil habe ich ein Bild von einem schönen Strand mit auslaufenden Wellen geklebt. Rechts neben den zweiten Satzteil habe ich eine Bibel befestigt, auf der vorne auch drauf steht, dass es eine Bibel ist. Die Gemeindeinformation habe ich bewusst direkt neben die Bibel gepinnt, denn die Verkündigung ist ja auch lebendiges Wasser.
Für eine säkulare Umgebung ist dieser Schaukasten ungeeignet, weil der Vergleich von Gottes Wort mit lebendigem Wasser (Joh 4,10b; 7,38) zu unbekannt ist.

Leben finden

»Wohin? Du, Herr, bist die Quelle des Lebens.«
Diesen Spruch habe ich mit einem Bild von einem auffliegenden Vogelschwarm aus einem älteren Bildband über Vögel illustriert. Ein Buch, das sowieso kaum mal aufgeschlagen wird, leidet nicht allzu sehr, wenn man mit dem Cuttermesser vorsichtig ein Bild heraustrennt und hinterher wieder hineinklebt. Bei einem annähernd schwarz-weißen Motiv würde aber auch eine gute Kopie für den Schaukasten genügen. Die Gemeindeinformation habe ich bewusst dicht neben dem Wort »Wohin?« platziert.

Bleibende Freude

»Ein Lächeln kostet weniger und gibt mehr Licht.«
Was in diesem Satz fehlt, nämlich die Aussage: Weniger als was?, habe ich durch das Bild einer leuchtenden Glühbirne neben dem ersten Satzteil ergänzt. Das Bild eines lächelnden Kindes habe ich bewusst neben dem zweiten Satzteil angebracht, um es mit dem Wort »Licht« in Beziehung zu bringen. Da es viel größer ist als das Bild von der Glühbirne, stellt dieses lächelnde Kind auch den Blickfang dar. Die Glühbirne ist ja nur ein Beispiel von vielen Dingen, mit denen man sich den Alltag »erhellt«.

In einer auffälligeren Farbe habe ich darunter noch den Satz geschrieben: »Unsere Freude kommt von Gott.« Damit wird dem möglichen Vorwurf begegnet: Ich kann doch nicht immer lächeln!

Gottes Wort hat Bestand

»Die Bibel – immer aktuell! gestern – heute – morgen«
Unter dem Wort »gestern« habe ich einen Psalm in hebräischer Schrift mit deutscher Übersetzung darunter angebracht, unter dem Wort »heute« eine Bibel, unter dem Wort »morgen« eine Diskette mit extra großer Aufschrift »Bibel-win« (o.Ä.). Dazu kam ein Plakat, das zu einer Bibelausstellung einlud, die zu der Zeit in unseren Gemeinderäumen stattfand. Ohne ein solches Plakat kann man mit diesem Schaukasten zu jeder Zeit darauf hinweisen, dass die Bibel auch heute noch von Bedeutung ist.

Götzendienst

»Wer bestimmt Ihr Schicksal? Jesus Christus ist gegeben alle Macht im Himmel und auf Erden.«
Diesen Spruch habe ich mit einem großen Bild von einem asiatischen Götzen illustriert, das ich aus einem Poster ausgeschnitten habe. Das Poster hatte ich aus einem Reisebüro.

2. Beispiele für Schaukästen ab einer Tiefe von 8 cm (Inge Weidemann)

Die Fotos und Skizzen sind als Anregung gedacht und nicht in erster Linie als Vorlage. Falls Sie aber etwas genauso nachgestalten möchten, haben Sie auch die Freiheit dazu.
Einige Schaubilder sind schon mehrere Jahre alt. Inzwischen habe ich noch manches dazugelernt. Seien Sie also bitte nicht irritiert, wenn hin und wieder auf den Fotos etwas zu sehen ist, was in den vorherigen Kapiteln des Buches anders empfohlen wurde.
Mir macht das kreative Arbeiten selbst viel Freude, und ich versuche immer, die geeignetsten bildnerischen Mittel herauszufinden und mit viel Fantasie das Schaubild möglichst ausdrucksstark zu gestalten. Das kostet natürlich viel Zeit und Engagement. Auch bei der praktischen Arbeit im Laufe des Herstellungsprozesses kommen mir immer wieder neue Ideen. Oft trage ich monatelang eine Aussage, ein Bibelwort oder ein Thema im »Hinterkopf«, bis ich die passende Form der Gestaltung dafür finde. Es kommt aber auch vor, dass ich ein interessantes Objekt schon lange aufgehoben habe, zu dem mir dann die entsprechende thematische Aussage einfällt. Manchmal kommt beides spontan zusammen und das Schaubild ist in einigen Tagen fertig.

Der Kasten, den ich seit vielen Jahren gestalte, steht auf dem Gemeindegelände der Freien Evangelischen Gemeinde Gießen am Eingangsbereich zum Hof. In direkter Nachbarschaft sind eine christliche Schule und etwas weiter entfernt mehrere Gebäude der Universität.

In den Außenmaßen ist er 180 cm breit und 106 cm hoch. Die Tiefe beträgt 8 cm am unteren Rand und bis zur Scheibe 11 cm (Farb-Foto Nr. 39).
Die Rillentafel mit der ständigen Information ist 45 cm breit, sodass eine Innenfläche von maximal 90 x 130 cm für die Gestaltung zur Verfügung steht.
Früher war statt der Rillentafel ein »Veranstaltungs-Haus« im Kasten (Farb-Foto Nr. 31).

Hinter der Blende mit dem Namen der Gemeinde befindet sich eine Leuchtstoffröhre.

Der Kasten ist schon 25 Jahre alt. Weil er ursprünglich eine ganz dünne Korkrückwand besaß, die allmählich verblasste, und an der man kaum etwas feststecken konnte, habe ich sie ganzflächig mit einem graubraun melierten strapazierfähigen Nadelfilz beklebt, der vom Teppichboden im Saal noch übrig war. Dadurch haben die meisten Bilder denselben Hintergrund. Der dicke Nadelfilz hat den Vorteil, dass man gut auch relativ schwere Teile daran befestigen kann und er ist auch für Klettband geeignet.

Variable Hintergrundplatten, die für andere Kästen sehr zu empfehlen sind, habe ich nicht so oft benutzt.
Weil ich auch im Gemeindehaus wohne, kann ich manches an Ort und Stelle direkt im Kasten gestalten. Am häufigsten arbeite ich auf einem Plakatkarton. Ich gebrauche sehr oft Styropor und schneide besonders gern Buchstaben damit aus.

Ich möchte Ihnen an einigen Beispielen zeigen, wie Themen, Bibelworte und Gestaltungen für Feste in einem Schaubild ausgedrückt werden können. Dabei gebe ich Ihnen auch Erläuterungen und praktische Tipps.

Zu Farb-Foto Nr. 14:
Bei uns sind alle willkommen!

Mit diesem Schaubild soll deutlich werden, dass wir eine einladende Gemeinde sind. Von den etwa 1 000 Besuchern des Gottesdienstes sind mehr als die Hälfte nicht Gemeindemitglieder.
Weil wir jeden Sonntag eine Simultan-Übersetzung in sechs Sprachen anbieten, kommen auch Leute verschiedener Hautfarben. Die Besucher der Gottesdienste sind wirklich »bunt« gemischt. Das betrifft sowohl ihre äußere Erscheinung als auch die soziale Herkunft.
Damit keiner, der zum ersten Mal das Gemeindezentrum betreten möchte, befürchten muss, sein »outfit« sei nicht passend, soll dieses Schaubild deutlich machen: alle sind uns willkommen.

Den violetten Panne-Samt habe ich so drapiert, dass er wie ein Bühnenvorhang wirkt. Die Hand (ein ausgestopfter weißer Handschuh) schiebt ihn zurück und gibt dadurch den Blick ins Innere frei. Den dünnen weißen Seidenstoff habe ich mit einem gelben Plakatkarton unterlegt, weil der Gelbton freundlicher wirkt und harmonischer zu den Farbbildern des Saales passt.
Den interessanten Blickfang bildet die Krawatte mit den lustigen Donald-Duck-Motiven.
Die Schrift habe ich frei Hand auf KAPA-Stücke geschrieben. Das Bild, eine DIN A4-Farbkopie eines Fotos, ist mit doppelseitiger Klebefolie aufgezogen.
Die beiden Teile habe ich mit dünnen Perlonfäden verbunden und unter dem violetten Vorhang aufgehängt.

Zu Farb-Foto Nr. 15:
ABC

Den Beginn eines neuen Schuljahres nahm ich zum Anlass für diese Gestaltung.
(Der Eröffnungsgottesdienst der benachbarten Schule fand auch im Gemeindezentrum statt, sodass viele Schüler und Eltern am Kasten vorbeigingen.)

Eine Styroporplatte habe ich mit schwarzem Papier beklebt und mit Holzleisten wie eine Tafel eingefasst. Auf die weißen Linien wurden die großen Buchstaben ABC aus dickem Styropor geklebt, die anderen sind mit breiten Kreidestrichen darauf geschrieben.
In dem aufgeschlagenen Heft hat der Schüler das Alphabet mit Buchstaben und Bildern geübt (leider auf dem Foto nicht deutlich zu erkennen). Zuckertüte, Schülermütze und Schreibutensilien bilden die Dekoration.
Der Stundenplan mit dem Eintrag für Dienstag 16 Uhr und die Einladung erinnern an die Jungschar.
Obwohl viele Einzelelemente im Kasten sind, setzt die große Tafel den nötigen Schwerpunkt.

Zu Farb-Foto Nr. 16:
Maßband

Diese bekannte Aussage (ich weiß nicht mehr, woher sie stammt) habe ich mal aufgeschnappt und schnell kam der Gedanke, sie für eine Schaukastengestaltung zu verwenden. Weil der »Kopf« des Menschen oft mit viel unsinnigen Gedanken gefüllt ist, habe ich ihn durch einen aufgeblasenen Luftballon dargestellt. Wir Menschen bilden uns oft viel ein, und es ist nichts dahinter. Gott beurteilt uns nicht nach unserer Intelligenz, sondern nach unserer Liebe zu ihm und den Menschen. Um den Blick auf die wesentlichen Teile zu richten, habe ich die stilisierte Figur ganz neutral aus dickem weißem Styropor ausgeschnitten (mit dem Styroporschneider). Das Herz wurde nach dem Ausschneiden noch plastisch modelliert und mit rotem Stoff bezogen.
Ein echtes Maßband führt vom Herzen zum Wort »GOTT« und dann zum Bibelwort, das die Aussage nochmal verstärkt.
Die gelbe Farbe verbindet beides miteinander.

Zu Farb-Foto Nr. 17:
Kehrt um ...!

Anlass zur Gestaltung war damals die Jahreslosung. Die Ernsthaftigkeit der Aufforderung Jesu wollte ich nicht abschwächen, aber so »verpacken«, dass der Betrachter sich nicht gleich attackiert fühlt. Das lustige Männchen fördert auch hier die Bereitschaft, den Text auf sich wirken zu lassen. Diese Figur wirkt durch das Auspolstern noch plastischer und scheint fast zu laufen. Die von Jesus geforderte Umkehr wird angedeutet, indem die Straße in einen Pfeil (orange Leuchtfarbe) übergeht, der einen Richtungswechsel signalisiert.

Zu Farb-Foto Nr. 18:
Gott sieht das Herz an

Ein großer Spiegel ist der Mittelpunkt dieses Schaubildes. Weil er so schwer ist, steht er auf der Unterkante des Kastens. Der Neigungswinkel wurde so gewählt, dass der Betrachter sich gut darin sehen kann.

Das Bibelwort aus 1. Samuel 16,7 betont die unterschiedliche Sichtweise bei den Menschen und bei Gott. Durch die Komplementärfarben Rot und Grün wird dieser Kontrast noch besonders betont. Eine optische Strukturierung des Textes durch schräge und gerade Zeilen hilft dem Betrachter, die Gegenüberstellung schnell zu erfassen.
Um noch Akzente zu setzen, habe ich Augen und Herz bildhaft dargestellt und plastisch hervorgehoben. Dadurch konnten auch bei dem relativ langen Text noch zwei Wörter eingespart werden.

Zu Farb-Foto Nr. 19:
Wasser zum Trinken – Wasser zum Leben

Bei dieser Gestaltung soll deutlich werden, dass wir mehr brauchen, als die nötige Flüssigkeitszufuhr zum Überleben.
Das tägliche Wasser zum Trinken wird dargestellt durch die Seltersflasche, das Wasserglas und das Foto eines Sprudelbrunnens.
Die Aussage Jesu wird symbolisch untermalt durch das große Poster eines Quellwassers (RKW 79305 Kawohl-Verlag).
Die klaren weißen Styropor-Buchstaben passen sich harmonisch dem Untergrund an und heben sich doch deutlich genug davon ab.

Nun kommt bei diesen beiden Bildern die eigentliche Gegenüberstellung nicht so zum Ausdruck, deshalb wurde noch der Text aus Johannes 4, 13.14 mit hinzugenommen. Er soll deutlich machen, dass Jesus mit seinem Angebot über das natürliche Wasser hinausgeht, um unseren Lebensdurst zu stillen. Im heißen Sommer wirkte dieses Schaubild allein schon »erfrischend«, auch wenn vielleicht nicht jeder Betrachter die Aussage richtig verstanden hat.

Bei den drei nächsten Beispielen geht es um den »Dauerbrenner« Liebe.

Zu Farb-Foto Nr. 20:
Er liebt mich ... nicht!

Das altbekannte Spiel, wo das letzte Blütenblatt entscheiden soll, ob »ja« oder »nein« zutrifft, wird zwar nicht ganz ernst genommen, bringt aber die Unsicherheit in vielen menschlichen Beziehungen gut zum Ausdruck.
Daran anknüpfend, habe ich durch ein Stück Kunststoff-Rasen eine Wiese mit großen Margaritenblüten angedeutet. Als ganzen künstlichen Strauß habe ich sie gekauft und dann die Blüten abgezogen. Die einzelnen kleinen Blütenblättchen aus Stoff ließen sich gut mit der Schere abschneiden.
Der Kunstrasen ist um eine Styroporplatte gelegt, damit ich die Blüten gut mit Nadeln feststecken konnte.

Im Gegensatz zu diesem Zufallsspiel, kann man sich auf Jesu Liebe immer verlassen. Das Liebesangebot Jesu soll den Betrachter zu einer persönlichen positiven Antwort herausfordern.

Zu Farb-Foto Nr. 21:
Menschliche Liebe – Gottes Liebe

Der Herzluftballon und das mit verspielten Buchstaben geschriebene Wort »Liebe« – auf einer rosaroten Wolke schwebend – sind der Blickfang. Der andere Ballon ist zusammengeschrumpelt und illustriert, dass sich menschliche Liebe oft schnell verflüchtigt, wenn keine Verbindung zu Gottes Liebe besteht. Die Kennzeichen der göttlichen Liebe sind zitiert aus 1. Korinther 13, dem »Hohen Lied der Liebe«. Die großen weißen Styropor-Buchstaben drücken auch optisch aus, dass GOTTES LIEBE unveränderlich ist und ewig bleibt.

Zu Farb-Foto Nr. 22:
Lebt in der Liebe!

Die Jahreslosung für 1998 gab die Motivation für diese Gestaltung.
Obwohl sich die Aufforderung eigentlich an Gläubige richtet, habe ich

versucht, das Thema auch für Nichtchristen interessant zu verpacken.
Auf der linken Seite ist auf Strukturtapete mit unterschiedlichen Schriften oft das Wort Liebe geschrieben. Die Lippen unterstreichen noch, dass viel von Liebe geredet wird.
Die Inflation der Liebesworte ist aber nutzlos, wenn es nicht zum Handeln kommt.
Deshalb ist die Tapete unten aufgerissen und eine Hand kommt hervor, die eine Rose hält. Die Hand ist aus einem chamoisfarbenen Plakatkarton ausgeschnitten und etwas plastisch um den Stiel gewölbt.
Die Botschaft wird vom Betrachter gleich verstanden, denn das Schenken einer roten Rose kann ein schöner Ausdruck von Liebe sein. Aus dem bloßen Reden wurde ein Handeln.
Die zeichenhafte Handlung allein reicht aber nicht aus, und es muss zum Leben in der Liebe kommen.
Weil Christus die wahre Liebe in Person ist, steht sein Name auf dem großen roten Herz. Von diesem, aus dickem Styropor ausgeschnittenen Herz gehen rote Fäden zu den kleineren Herzen und fließen noch weiter durch sie hindurch. Leider heben sich die kleinen Herzen aus dünnerem Styropor, für Menschen, die mit Christus verbunden sind, auf diesem Foto nicht so gut vom Untergrund ab, weil das Bild frontal aufgenommen wurde.
Die dekorative Umrahmung mit weißem Seidenstoff hebt das Schaubild besser vom grauen Teppichboden ab und unterstreicht, dass Liebe zart und kostbar ist.
Passend dazu ist die Einladung zum Eheseminar in der Gemeinde.

Der Versuch des Menschen, sein Leben nach eigenem Ermessen zu gestalten und die oft vergebliche Suche nach Erfolg, soll an den nächsten Schaubildern verdeutlicht werden.

Zu Farb-Foto Nr. 23: Die ganze Welt gewinnen – und Schaden nehmen

Anlass zu dieser Gestaltung war auch die Jahreslosung. Ich habe versucht, den ausführlichen Text optisch etwas zu strukturieren und die einzelnen Bereiche voneinander abzuheben. Auf den Untergrund aus

Selitron habe ich mit einem Schwamm Dispersionsfarbe aufgetragen, wobei der Farbverlauf von hell nach dunkel geht. Auch die unteren Wörter sind immer mehr abgetönt und nicht gerade aufgeklebt, um den negativen Trend zu untermalen.
Die halbplastische Weltkugel (sie erscheint auf mehreren Schaubildern) ist mit Scheinen aus Spielgeld bestückt und in einen Plastiksack gesteckt.
Eine Kette verbindet sie mit dem Handgelenk des Mannes, der fast erdrückt wird von dem großen Geldschein und dem Münzregen.
Die Abbildung des Mannes fand ich in einer Zeitschrift. Die Hand habe ich extra ausgeschnitten und mit dünnem Styropor unterlegt. So ist es möglich, die Kette richtig um das Handgelenk zu führen.
Damit die Münzen (Spielgeld von der Bank) plastischer erscheinen, habe ich sie auch auf Selitron geklebt und dann mit dem Styropor-Schneider ausgeschnitten.

Zu Farb-Foto Nr. 24:
Kartenhaus der Zukunftspläne – auf Gott ist Verlass

Auch hier gab die Jahreslosung das Thema an.
Am Beginn eines neuen Jahres machen sich Menschen viele Pläne für die Zukunft, die bald schon wie ein Kartenhaus in sich zusammenfallen.
Um die Instabilität des Kartenhauses sichtbar zu machen, steht es frei auf einer Unterlage und ist nicht am grünen Plakatkarton festgeklebt. Einige Karten, die gerade zu fallen scheinen, und solche, die schon unten liegen, unterstreichen diesen Aspekt noch.
Demgegenüber steht die Aufforderung, sich auf Gott zu verlassen, mit klaren Buchstaben deutlich lesbar in Schriftblöcken auf einem angedeuteten Fels.
Die Idee, den Bibeltext aus Jakobus aufzuschreiben, (für solche Betrachter, die sich Zeit nehmen zum Lesen), kam mir, als ich die Verpackung einer Tiefkühltorte in der Hand hatte. Der von weitem sichtbare gelbe Punkt setzt noch einen optischen Akzent.

Das zentrale Thema der folgenden zwei Schaubilder ist Schuld und Vergebung und Erneuerung des Lebens durch Gott:

Zu Farb-Foto Nr. 25:
Darüber wächst kein Gras

Der Spruch mit viel Lebensweisheit hängt als Wandteller in meiner Küche.
Die Aufhängung im Schaukasten ist dafür ungewöhnlich, aber gerade deshalb ein besonderer Blickfang.
Durch die großen Styropor-Buchstaben wird die Rasenfläche geteilt. Das illustriert die Aussage, dass Schuld eine Trennung verursacht, die nicht ohne die Vergebung Gottes überwunden wird. Zur Verdeutlichung ist der Bibeltext aus Sprüche 28,13 angefügt.
Als Hintergrund habe ich hierfür Styropor gewählt, weil sich die Objekte gut daran festmachen lassen. Der Teller hängt an einem Draht, der durch die Platte geführt und hinten befestigt ist. Leider gibt es Styropor-Platten nur in 50 cm Breite, darum habe ich zwei Stücke miteinander verbunden.

Zu Farb-Foto Nr. 26:
Bruchstücke – Gott ganz überlassen

Diese Aussage von Blaise Pascal hat für ein Schaubild viel Text. Damit er nicht verwirrend und unübersichtlich wirkt, habe ich die Buchstaben durch ihre Größe, die Stärke des Styropors und die Farbe deutlich voneinander abgehoben.
Der Betrachter schaut wohl zuerst auf den gelben Müllsack mit den Bruchstücken des Tellers, die komplett (ganz) in Spachtelmasse eingebettet sind (in eine alte Plastik-Tortenplatte gegossen).
Die Wörter »ganz« und »Bruchstücke« stehen in einem optischen Zusammenhang, obwohl sie vom Verständnis her gegensätzlich sind.
Gerade dieser interessante Kontrast macht deutlich, dass wir unser kaputtes Leben komplett Gott anvertrauen müssen und nicht nur einzelne Bereiche davon.
Dass es zum Staunen ist, wie Gott ein verpfuschtes Leben wieder in

Ordnung bringen kann, und daraus neue Hoffnung erwächst, wird angedeutet durch die grünen Buchstaben »was GOTT ... machen kann«.

Zu Farb-Foto Nr. 27:
Nicht erst, wenn alle Stricke reißen ...

Diese Schaukastengestaltung wirkt sehr attraktiv.
Im Baumarkt bekommt man das dicke Tau von der Rolle und muss es mit der Säge in Stücke teilen.
Die Rückwand des Kastens mit dem Nadelfilz-Teppich habe ich ganz in das Schaubild einbezogen. Ein Teppichstück dient am oberen Rand als Blende. Die Stricke konnten dahinter gut befestigt werden.
Die mehr oder weniger »beschädigten« Stricke mit den Gewichten deuten an, dass unser Leben vielen Belastungen ausgesetzt ist.
Die Gewichte sind mit schwarzem Papier bezogene Pappkästchen, in denen die Enden der Taue stecken.
Die Styropor-Schrift habe ich als Wörter auf feste Pappstücke geklebt, die ich vorher passend zum Teppichgrund bemalte, damit nur die weißen Buchstaben ins Auge springen. Mit Klettband haften die Teile am Untergrund.

Dass Gott in allen Situationen für uns da ist, gibt Hoffnung und erscheint deshalb unten auf grünem Schriftband.

Mit dieser Gestaltung wollte ich in der ersten Phase die Menschen ansprechen, bei denen noch nicht alles im Leben schief gelaufen ist.
Sie sollen »nicht erst, wenn alle Stricke reißen«, sondern schon bei den ersten Anzeichen von Problemen, Gottes Hilfe in Anspruch nehmen.

In der zweiten Phase, einige Wochen später, habe ich die oberste Zeile umgeändert. Es war nur noch das Wort »Wenn« zwischen den beiden mittleren Stricken zu lesen.
Auch für Menschen, bei denen schon alles kaputt ist, gibt es bei Gott noch Rettung.

Diese Gestaltung habe ich auch für die Vitrine benutzt, wo man von zwei Seiten jeweils eine andere Aussage lesen konnte.
(Schwarz-W.-Fotos Nr. 53 und 54, S. 177)

Zu Farb-Foto Nr. 28:
Gott spricht zu uns
(Poster RKW 87003 Kawohl-Verlag)

Das eindrucksvolle Poster mit der Mohnblume, die im dunklen Schacht blüht, bezeugt die wunderbare Kraft, die Gott in seine Schöpfung gelegt hat.
Die Botschaft für uns: Wenn Gott schon einer wertlosen Pflanze geholfen hat, trotz widriger Umweltbedingungen zu wachsen und sogar ihre Blüte zu entfalten, dann kann er auch uns helfen in unseren Bedrängnissen.

Auf diesem Foto sehen Sie ein Beispiel, wie man ein Poster über den Rand hinaus gestalten kann. Die Lichtstrahlen habe ich mit weißer Farbe (Tipp-Ex-Tinktur) auf dem Plakatkarton weitergeführt.

Können Sie das Hervorwölben bei der Blüte und dem hellen Blatt erkennen? Ein paar Stückchen rotes Papier gaben den Blütenblättern die nötige »Unterstützung«.

Die erste Zeile des Textes habe ich ausgeschnitten und durch das Aufkleben auf einen Styropor-Streifen noch betont. Passend dazu ist der untere Textstreifen (invers) mit Hilfe des Computers entstanden.

Der poetische Text (ein Lied) sagt aber dem Betrachter zu wenig darüber aus, *was* Gott uns mitteilen will.
Deshalb habe ich auf der roten Fläche daneben – auf dem Foto nicht mehr zu sehen – ein Neues Testament aufgeschlagen und wichtige Aussagen gelb markiert. Darüber ist zu lesen »WAS Gott uns mitteilen will, steht in der Bibel« und in der Zeile darunter »Wir sollten sie lesen!«

Zu Farb-Foto Nr. 29:
Encaustic-Rahmen um Schriftposter

Dieses einfache Schriftposter (Verlag Goldene Worte) wirkt durch die Umrandung optisch viel interessanter.
Auf eine stabile Pappe mit einer nicht saugenden Oberfläche habe ich mit Hilfe eines Bügeleisens Wachsfarben aufgetragen. (Beschreibung der Encaustic-Technik unter B 7.3., S. 93)
Die vielfältigen Strukturen und die intensive Leuchtkraft der Farben ziehen die Blicke auf sich. Ich habe versucht, die beiden Bögen des Posters auf dem Rand grafisch weiterzuführen.

Damit ich den Encaustic-Rahmen mehrfach gebrauchen kann, habe ich das Poster nicht ganzflächig aufgeklebt, sondern nur den oberen Rand mit einem doppelseitigen Klebestreifen befestigt. Weil das Poster frei nach unten hängen kann, wellt es sich nicht. (Evtl. die beiden unteren Ecken leicht nach innen wölben.)

Zu Farb-Foto Nr. 30:
Kontrast zwischen Bindung und Freiheit

Durch die Verwendung von plastischen Figuren wirkt die Gestaltung besonders attraktiv. Voraussetzung ist eine Tiefe des Kastens von mindestens 8 cm.

Die Marionette gilt als Symbol für Unfreiheit und Willenlosigkeit. Eine schwarze Hand (von der linken Seite kommend) hält das Fadenkreuz. Daneben liest der Betrachter den bekannten Ausspruch Goethes und versteht dann, dass die schwarze Hand den Gegenspieler Gottes andeuten soll, der die Menschen nach seinen Wünschen »tanzen« lässt. Dabei suggeriert er ihnen noch, sie wären frei. Sprechblase: »... ich bin so frei!«

Im Kontrast dazu lässt die große weiße Hand, die von oben kommt, an Gott denken. Er bietet dem Menschen Halt und liebevolle Geborgenheit. Dabei schenkt er ihm einen freien Bewegungsspielraum. Wer in

Gottes guter Vaterhand den tragenden Grund für sein Leben gefunden hat, kann sich frei entfalten.

Die Marionette sollte möglichst »normal« gekleidet sein, um dem Betrachter eine Identifikation nahe zu legen.
Als schwarze Hand ist ein Lederhandschuh ausgestopft.
Die große weiße Hand habe ich aus 5 cm dickem Styropor geschnitten und modelliert.
Die bewegliche Holz-Modellpuppe wurde mit leichtem Stoff locker bekleidet. Ihre Haltung – frei stehend in der großen Hand – soll innere Freiheit ausdrücken. Die kleinen Wattestreifen zwischen den Styropor-Buchstaben unterstreichen dies noch.
Hinweise zur Farbgebung:
Um die Aussage der rechten Seite hervorzuheben, habe ich sie mit helleren Farben gestaltet. So fällt auch noch von größerer Entfernung der Blick darauf. Der hellblaue Plakatkarton und das weiße Styropor wecken das Empfinden von Freiheit.
Die linke Seite wirkt farblich eher abstoßend. Besonders die schwarze Hand bewirkt negative Gefühle. Auch die Schrift ist schwarz auf grauem Grund. Der violette Plakatkarton unterstreicht die düstere Stimmung.

Praktische Tipps:
Da die Rückwand meines Kastens mit einem Nadelfilz-Teppich beklebt ist, kann ich auch relativ schwere Gegenstände mit Deko-Nadeln daran feststecken. Besteht diese Möglichkeit nicht, empfehle ich, die gesamte Gestaltung auf einer transportablen Platte zu befestigen (Dämmplatte, Styropor, Kapa o.ä.). Darüber können entweder zwei farbige Stoffe gespannt werden oder die Plakatkartonteile werden ganzflächig verklebt. (Hinweise dazu im Teil B 6.1.)
Als Befestigungshilfe für Gegenstände dient eine Schlaufe aus fast unsichtbarem Perlonfaden. Sie wird am Objekt (z.B. Fadenkreuz der Marionette) angebracht und so lang gelassen, dass man sie mit einer Nadel an verdeckter Stelle befestigen kann.
Das Fadenkreuz muss dabei etwas gekippt werden, da es sonst nicht in meinen Kasten passt.
Die schwarze Hand ist durch den Lederhandschuh rückseitig festgesteckt.

Die große Styroporhand habe ich unten auf den Plakatkarton geklebt und oben unsichtbar mit zwei Perlonschlaufen an der Rückwand befestigt.
Die Holzfigur steht zwar frei im Handteller und auf den Fingern, ich habe sie aber zur Sicherheit noch hinten an der Kleidung mit einer Nadel unsichtbar festgesteckt.
Die Wattewolken haften von selbst am Nadelfilz und sind nur auf dem Plakatkarton leicht angeklebt.

Vorschlag für eine Gestaltung bei einem Kasten mit wenig Tiefe:

Statt der vollplastischen Figuren kann man sich aus Pappe bewegliche flache Figuren herstellen. Die Körperteile werden dann durch Musterbeutelklammern verbunden. (Siehe Skizze im Text unter B 7.2., S. 87.)
Für die große weiße Hand nimmt man dünneres Styropor. Den Daumen extra davorkleben, damit die Pappfigur dahinter einen kleinen Spielraum hat.

Die nächsten Fotos zeigen Schaukastengestaltungen zu Festen.

Weihnachten:

Zu Farb-Foto Nr. 31:
Der von Gott besuchte Planet

Für diese Weihnachtsgestaltung habe ich eine große Selitron-Platte zur Stabilisierung auf eine Hartfaserplatte geklebt. Mit einem Schwamm habe ich Dispersionsfarbe in verschiedenen Schattierungen aufgetragen und dann durch Spritztechnik (siehe B 7.3., S. 92) den Sternenhimmel angedeutet.
Dass unsere Erde unter all den unzählbaren Sternen eine besondere Stellung einnimmt, wird optisch durch die Satellitenaufnahme und die leuchtenden Streifen aus Ramieband hervorgehoben. Die Hauptaussage »Der von Gott besuchte Planet« gibt die Begründung dafür.
Um nicht bei dieser allgemeinen Aussage stehen zu bleiben, habe ich die Verbindung zu uns Menschen durch eine Vielzahl von Fotos herge-

stellt. Sie sind auf unterschiedlich dicke Styroporblöcke geklebt und erscheinen so immer näher zu kommen.
Auf dem Foto rechts oben schaut eine junge Dame den Betrachter an und zeigt auf ihn. Im Spiegel daneben sieht er dann sein Bild und liest: »Diesen Menschen hat Jesus sehr lieb. Für ihn kam er in diese Welt.«

Die biblische Botschaft aus Johannes 3,16 habe ich aus einem Poster ausgeschnitten. Sie fügt sich farblich gut in den Sternenhimmel.

Auf diesem Foto sehen Sie auch noch ein Beispiel für die Gestaltung der ständigen Information. Sie waren so in unserem Kasten, bevor die Rillenprofil-Tafel angeschafft wurde. Die Gesamtform zeigt ein großes Haus mit unterschiedlichen Fenstern für die Wochentage, die Uhrzeiten und die Veranstaltungen. Im unteren Bereich mit der geöffneten Tür liest der Betrachter: Jederzeit bei uns willkommen.
(Die Umrisse der Form könnten dem jeweiligen Gemeindehaus angepasst werden.)

Als Material wurde Selitron genommen, das sich leicht mit dem Cutter-Messer schneiden lässt. Für eine terminliche Veränderung brauchte nur das entsprechende »Fenster« erneuert werden.
Vielleicht bekommen Sie hierdurch eine Idee zur eigenen Gestaltung, wenn Ihnen z.B. eine Rillentafel zu »steril« und unpersönlich oder zu teuer ist.

Zu Farb-Foto Nr. 32:
Krippe ohne Kreuz ist Kitsch

Etwas provozierend ist diese Gestaltung mit den drei großen K's schon. Sie will sich deutlich abheben gegenüber dem üblichen Weihnachtsklischee.
Jesus kam nicht in unsere Welt, um uns den Anlass für ein beschauliches Fest zu geben, sondern um uns durch sein Leiden, Sterben und Auferstehen zu erlösen. Darum ist die Verbindung zu Karfreitag und Ostern hergestellt.

Die Hauptelemente, die drei K, die Krippe und das Kreuz habe ich aus Holzleisten gearbeitet. Das Wort »Kitsch« ist durch die Glitterschnur richtig betont.
Wie eine absteigende Treppe wirken die Schriftbänder mit dem Text aus Philipper 2, 6-8.
Es soll dem Betrachter deutlich gemacht werden, welchen enorm hohen Preis Jesus für unsere Erlösung gegeben hat, als er bereit war, die Herrlichkeit beim Vater im Himmel zu verlassen.

Zu Farb-Foto Nr. 33:
Krippe im Licht

Das Foto von der Höhle im Antilope-Valley faszinierte mich durch den von oben hereinfallenden Lichtstrahl, der einen hellen Kreis auf dem Boden bildet.
Auch in unsre dunkle Welt kam das göttliche Licht von oben – durch die Geburt des Gottessohnes.

Ich habe eine kleine Krippe gebastelt und sie so aufgestellt, dass die größte Helligkeit genau am Kopf des Kindes zu sehen ist.
Die Höhle erscheint noch plastischer, weil ich einzelne sich abzeichnende Bereiche der Sandsteinformationen herausgeschnitten habe. Das Aufkleben auf unterschiedlich dicke Styroporteile, die mit dem Schneidegerät ausgeschnitten und wieder im Bild montiert wurden, lässt eine räumliche Tiefe erscheinen. Bei abendlicher Beleuchtung erstrahlen die Schnittkanten und geben noch einen besonderen Effekt.

Das Ganze ist auf verschieden dicken Styroporplatten montiert und mit Packpapier und Maisblättern verkleidet.

Die Aussage von Peter Hahne würde auch zu einer anderen Gestaltung passen, aber mir fiel gerade kein geeigneterer Text hierfür ein.

Zu Farb-Foto Nr. 34:
Jesus – das Licht der Welt

Dieses Weihnachtsbild soll den Gegensatz aufzeigen zwischen Jesus, dem Licht der Welt und unseren vergeblichen menschlichen Bemühungen, die Welt hell zu machen.
Das Wort »Erleuchtung« habe ich bewusst wegen seiner Doppeldeutigkeit gewählt.
Jeder hat sich wohl schon über nicht gut brennende Teelichter geärgert. So wird die Anspielung auf unsere »Funzeln« gleich verstanden.
Die Styropor-Buchstaben »strahlen« bei der Beleuchtung, die im Winter ja früh eingeschaltet wird.

Zu Farb-Foto Nr. 35:
Himmelfahrt

Zu diesem Thema fällt es nicht leicht, eine passende Gestaltung zu finden. Durch die bekannte Abkürzung i.R. (in Ruhestand) in Verbindung mit JESUS ist der Betrachter vielleicht zunächst irritiert. Das rote Leuchtfarbensternchen weist aber darauf hin, dass etwas ganz anderes gemeint ist.
Weil Jesus nicht mehr in menschlicher Gestalt in unserer sichtbaren Welt lebt, ist er auch nicht mehr an Raum und Zeit gebunden. Die unsichtbare Wirklichkeit beim Vater im Himmel ermöglicht es ihm, gleichzeitig überall zu sein. Das kommt durch die angedeutete Erdkugel zum Ausdruck. Weil wir im Gebet jederzeit mit Jesus Kontakt haben können, ist er sozusagen für uns immer in Rufweite.
Die Tatsache der umfassenden Nähe Jesu wird unterstrichen durch seine Zusage aus Matthäus 28, 20. Sie wurde als Jahreslosung für 1999 ausgewählt. Das habe ich aber nicht im Schaubild erwähnt, weil Fremde damit nichts anfangen können und es bei »Insidern« bekannt ist. Durch den Hinweis »Seine Zusage« konnte ich auch auf die Angabe der Bibelstelle verzichten, weil klar ist, dass es sich um Worte Jesu handelt.

Das Hellblau des Plakatkartons mit den weißen Wattewolken deutet die Atmosphäre an.

Der Bibeltext wurde mit dem Computer geschrieben und auf hellgelbes Papier vergrößert kopiert. Die Textstreifen habe ich um feste Kartonstücke gefaltet, die ich vorher mit geschäumter Folie etwas »gepolstert« habe. So wirken die Streifen plastischer und das dünne Papier bleibt besser gespannt.

Erntedank:

Zu Farb-Foto Nr. 36:
WER DENKT, DER DANKT

Weil Danken mit Denken zusammenhängt, geht es hier nicht nur um ein reizvolles Wortspiel. Die Passanten sollen darauf hingewiesen werden, die täglichen Nahrungsmittel nicht ge**danken**los zu konsumieren.
Das Wortspiel mit den fast gleichen Buchstaben kommt am besten zur Geltung, wenn sie genau untereinander stehen.
Aus einer Selitron-Platte habe ich die großen Buchstaben ausgeschnitten. Dabei musste ich sehr aufpassen, dass der Schneidedraht ganz gleichmäßig durch das Material geführt wurde, weil ich die ausgeschnittenen Buchstaben als Positiv-Formen gebrauchen wollte. (Natürlich habe ich das zweite D und das A noch extra ausgeschnitten).
Die beiden Computerausdrucke habe ich um Kartonstreifen geklebt, damit sie sich besser montieren ließen.
Farblich wirkt alles sehr harmonisch.
Durch den Rot-Grün-Kontrast und das klare Weiß sind die großen Buchstaben schon von weitem zu lesen.
Sie sollen zunächst ruhig provozieren und zum Lesen der anderen Aussagen führen.
Den Sack habe ich unten mit schweren Steinen gefüllt, damit er besser steht, und dann Papierknäuel daraufgeschichtet.

Karfreitag:

Zu Farb-Foto Nr. 37:
FÜR DICH

Die beiden folgenden Schaubilder für **Karfreitag** und **Ostern** haben dieselbe Grundform.
Auf eine Styropor-Hintergrundplatte habe ich zwei große Rechtecke und zwei kleinere Quadrate so aufgeklebt, dass im Freiraum dazwischen eine Kreuzform entstanden ist. Das erinnert an Grabplatten.
Für Karfreitag habe ich einen schwarzen Stoff darübergelegt und so drapiert, dass die Kreuzform deutlich zu erkennen ist.
Der Blick des Betrachters wird durch den leuchtend roten Stofffetzen auf die aus Dornenruten gewundene Krone und die großen Nägel gelenkt.
Die riesigen Zimmermannsnägel habe ich einige Tage ins Wasser gelegt, damit sie Rost ansetzten. Durch die Anordnung wirken sie wie Strahlen und unterstreichen die Kreuzform. Im Styropor sind die Nägel gut festzustecken.

Um eine Verbindung zum Betrachter herzustellen und möglichst eine persönliche Betroffenheit zu bewirken, ist in großen Buchstaben zu lesen: FÜR DICH.
In Anlehnung an Jesaja 53 habe ich noch einiges zur Erläuterung geschrieben.

Ostern:

Zu Farb-Foto Nr. 38:
JESUS LEBT

Am Samstag vor Ostern habe ich dann das dunkle Tuch durch einen weißen Stoff ersetzt (altes Betttuch).
Die Kreuzform wird jetzt gebildet durch echte grüne Ranken und leuchtend gelbe Blumen – die leider künstlich sein müssen, weil sie sonst schnell verblüht wären.
Farblich dazu abgestimmt die Schrift: JESUS LEBT!

Die neutestamentlichen Bibelworte erläutern noch die Bedeutung der Auferstehung für uns.

Zu Farb-Foto Nr. 39:
Letzte Stunde – nächster Augenblick

Diese Gestaltung im November erinnert daran, dass unsere Lebenszeit einmal abgelaufen ist. Das kann für den, der nicht weiß, was nach dem Tod kommt, oft sehr beängstigend sein.
Wer aber aus Gottes Wort weiß, welche wunderbare Zukunft auf alle wartet, die durch den Glauben Gottes Kinder geworden sind, der kann getrost sein. Er ist in jedem Augenblick in Gott geborgen.
Im Betrachter soll der Wunsch geweckt werden, auch so getrost leben zu können. Der Hinweis auf Gottes Wort macht deutlich, wo wir Orientierung in diesen wichtigen Fragen bekommen.

Blickfang dieser Gestaltung ist die Funkuhr.
Von einem Passanten, der wahrscheinlich regelmäßig am Kasten vorbeigeht, wurde ein Zettel an die Scheibe geklebt. Darauf war geschrieben: »Bitte die Uhr hängen lassen!«
Den Wunsch konnte ich natürlich nur für einige Wochen erfüllen.

Diese Schaukastengestaltung wirkt trotz des relativ langen Textes nicht verwirrend.
Die diagonale Aufteilung der Styropor-Grundplatte in einen schwarzen und einen weißen Bereich unterstreicht den Kontrast in der Aussage.
Durch die Abtönung der meisten Wörter in der oberen Zeile erkennt der Passant von weitem nur die Buchstaben der »letzten Stunde«.
Der Blick wird in der Regel zuerst zur Uhr geleitet. Von dort wird er zum »Augenblick« geführt, weil er genauso gelb ist wie der Rand der Uhr.
Wer noch mehr Information haben möchte, wird durch das * hinter »kommt« auf die kleine Textzeile unten hingewiesen:
* Gott teilt es uns mit in der Bibel. – Wir informieren Sie gern.

Passend zur Jahreszeit habe ich eine dezente Farbgebung gewählt, die aber durch die leuchtend gelben Akzente nicht so trist wirkt. Das gelbe Herbstlaub fügt sich harmonisch in die gesamte Gestaltung ein.

Die großen Steine geben der Styroporplatte die nötige Unterstützung. Das wirkt noch interessanter, als wenn die Platte nur auf der Bodenfläche des Kastens stehen würde.

Auf diesem Foto sehen Sie den ganzen Schaukasten in seiner Position beim Gemeindezentrum.

Beschreibungen der Schwarz-Weiß-Fotos:

Durchblick

34

Den Blickfang dieses Schaubildes können Sie farbig auf dem Bucheinband sehen.
Als ich eine Werbebroschüre mit den großen Augen im Briefkasten fand, wurde sie gleich zur Materialsammlung gelegt. Es dauerte auch nicht lang, bis es zur Anwendung in diesem Schaubild kam. Die passenden Zeilen waren schnell beim Durchblättern eines Stapels von Zeitungen gefunden.
Durch das Ausreißen und Hochklappen wird der Durchblick auch optisch betont. Auf Pappstücken mit ausgerissenem Rand und mehr

persönlicher Schrift stehen die Fragen: »Woher komme ich?«, »Wozu lebe ich?«, »Wohin gehe ich?« Es sind so genannte »Muss-Fragen«, die sich jeder irgendwann mal stellt. Als Christen haben wir darauf in der Bibel verbindliche Antworten von Gott. Das sollen wir unseren Mitmenschen ruhig weitersagen, damit sie ebenfalls an der richtigen Stelle nach Orientierung suchen.

Suche nach Lebensglück

35

Anregung für diese Gestaltung, die im Ausschnitt auf dem Bucheinband zu sehen ist, gab mir eine Karikatur und das Ergebnis einer Umfrage in einer Zeitschrift (heute wäre die Prozentzahl noch größer). Das Bemühen des Männchens wird keinen Erfolg haben, weil man selbst mit einer Lupe das Glück nicht auf dem Boden finden kann.
Im Kontrast dazu steht das Angebot Gottes und die Verheißung, in der Gemeinschaft mit ihm das wahre Lebensglück zu suchen.
Um einen interessanten Akzent zu setzen, habe ich das Männchen nicht bloß gezeichnet, sondern halbplastisch dargestellt und ihm eine echte Lupe in die Hand gegeben. Diese hängt an einem ganz dünnen Perlonfaden, der unter dem Kopf des Männchens befestigt ist. Der Kopf (modelliertes Ärmelpolster) und die Hände sind aus Schaumstoff, die

Haare aus Fellimitat aufgeklebt. Für die Figur habe ich mir zuerst Teile aus Pappe geschnitten, die ich dann mit blauen und braunen Resten aus Cordstoff bekleidet habe.
Die stabile Hintergrundplatte ist mit Textiltapete bezogen. Sie ist extra kleiner als die gesamte Gestaltung. Dadurch wird nicht so sehr die witzige Figur, sondern die Aussage Gottes ins Blickfeld gerückt, die auf dem gelben Grund deutlich auffällt. Am oberen Rand der Platte wurde ein Verbindungsstück zum Männchen angebracht, damit die Figur auch daran noch befestigt werden konnte.

Fortschritt wird zum Fort-Schritt

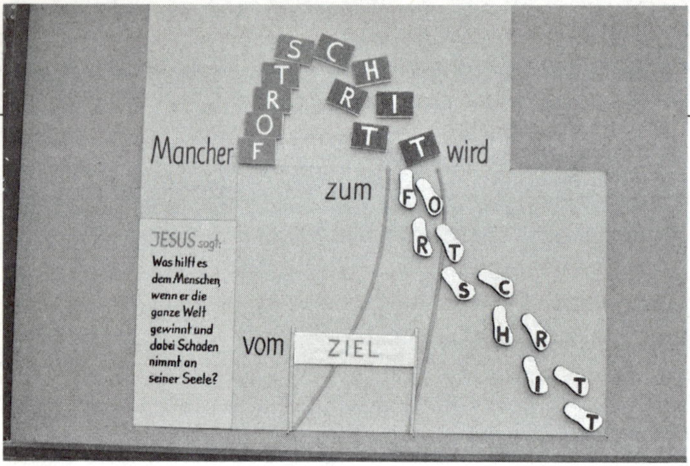

36

Die Aussage lebt vom Wortspiel FORTSCHRITT – FORT-SCHRITT.
Alle Buchstaben sollen dabei groß geschrieben werden. Zuerst wird durch Bausteine angedeutet, dass man Fortschritt erstrebt, indem man sich etwas aufbaut im Leben. Bald aber wird das mühsam Erarbeitete instabil, kippt um und fällt nach unten. Die fallende Linie führt weiter zur zweiten Bedeutung: fort vom Ziel.
Dieser FORT-SCHRITT, im Sinne eines Weggangs, wird durch die Fußtapfen angedeutet.

Die Aussage Jesu weist auf die Gefahr hin, am eigentlichen Lebensziel vorbeizugehen. Sie soll den Betrachter zum Nachdenken bringen.
Als Hintergrund eignet sich grüner Plakatkarton und ein kleines Stück gelber Plakatkarton für den Bibelvers.
Die Bausteine und Füße werden aus 1–2 cm dünnem Styropor geschnitten und dann mit Dispersionsfarbe bemalt. Für die angedeutete Laufbahn: zwei Lederstreifen oder Kordel, zwei Strohhalme als Stangen, an denen ein weißer Stoffstreifen (oder Papiertaschentuch) befestigt wird.

Der Kontrast der Komplementärfarben Rot und Grün belebt diese Gestaltung. Die Aussage Jesu zieht durch den gelben Untergrund die Blicke an.
Das Rot bei den ersten Steinen deutet Aktivität an, wird aber allmählich immer dunkler und schließlich ganz braun. Die Fußtapfen sind auf der Fläche weiß gelassen und nur am Rand braun angestrichen. So fällt auch von weitem auf, dass die Richtung immer weiter vom Ziel wegführt.

Diese Gestaltung und die beiden folgenden eignen sich auch gut für flache Schaukästen.

Für die nächsten beiden Schaubilder habe ich zwei Kopien der Zeichnungen von Roger Penrose benutzt. Sie stehen auf Seite 73 in dem Buch von Bruno Ernst: Das verzauberte Auge. Unmögliche Objekte und mehrdeutige Figuren. 1989 Taco Verlagsgesellschaft und Agentur mbH Hauptstr. 9, Berlin 62.

Man lebt – fragt sich nur WOZU?

37

Die endlose Treppe, auf der man ständig aufsteigen kann, ohne wirklich höher zu kommen, ist ein passendes Symbol für das Bemühen des Menschen. Er dreht sich ständig im Kreis und ist gefangen in seinen eigenen Ideen. Obwohl er sich abrackert, verfehlt er den Sinn seines Lebens und am Ende wird festgestellt, dass vor Gott alles keinen Wert hat.

Bei Gott ist kein Ding unmöglich

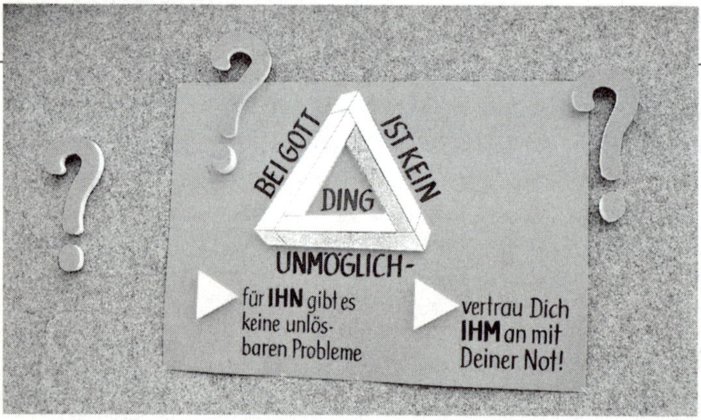

38

Das »unmögliche Ding«, eine bekannte Zeichnung von Penrose, habe ich aus dem genannten Buch kopiert und etwas koloriert, damit der Betrachter noch schneller merkt, dass es diese Konstruktion unmöglich geben kann. Durch Ausschneiden und Aufkleben auf Styropor erscheint das Dreieck noch plastischer, was die Wirkung erhöht.
Die drei an Perlonfäden hängenden Fragezeichen signalisieren dem Betrachter, dass etwas Fragwürdiges zu sehen ist.

Die kleinen gelben Dreiecke weisen darauf hin, dass es für Gott keine unlösbaren Probleme gibt, und wir uns deshalb getrost IHM in allen Nöten anvertrauen sollen.

Jesus kam, um uns mit Gott zu versöhnen

39

Die Anregung zu dieser Weihnachtsgestaltung kam mir durch die Fülle der Werbung in der Adventszeit. Da wurden »himmlische Zeiten« angekündigt und sogar von einem »Geschenkeparadies« gesprochen.
Wie aus einem Füllhorn fallen die kommerziellen Weihnachtsattribute aus der goldenen Folie.
Der Text lebt vom Wortspiel »verwöhnen« – »versöhnen«.
Die Anordnung der Wörter habe ich so gewählt, dass die Aussage

»Jesus kam, um uns mit Gott zu versöhnen« nur in der gelben Fläche zu lesen ist, die von oben in einem Bogen herunterführt. Das zweite T von Gott habe ich als Kreuz stilisiert. Es weist darauf hin, dass Jesus nicht Mensch wurde, um uns den Anlass zu einem üppigen Fest zu schenken, sondern um uns zu erlösen und am Kreuz für unsere Schuld zu sterben.

Der Weg zu Gott ist frei durch Jesus Christus

40

Ein Schaubild, das auch im Vorübereilen schnell zu erfassen ist. In den letzten Jahren haben wir es in Europa häufig erlebt, dass Schlagbäume sich öffnen.
Der freie Zugang zu Gott wurde nur durch Jesus Christus möglich.
Der Schlagbaum ist eine Papierrolle, die um den Nagel in der Halterung gedreht werden kann.

Spannung und Entspannung

41

Für die Ferienzeit habe ich dieses Schaubild gestaltet. Die Wörter Spannung und Entspannung werden optisch unterstrichen durch die wellenförmige Linie mit dem Spannungsbogen und der Hängematte. Die Verknüpfung des Wortes Spannung mit Elektrizität wird angedeutet durch Steckdosen, Kabel und Trafo (links unten im Bild). Spannung als interessante Unterhaltung ist in den kleinen Bildchen oben zu erkennen mit Fotos von gerade aktuellen Personen und Ereignissen.
Unter einem blauen Himmel und über grünem Gras hängt plastisch eine kleine Hängematte mit Sonnenbrille.
Auf dem roten Anhänger steht: Wir wünschen einen erholsamen Urlaub. Buchtipp: die Bibel. Deshalb liegt auch ein kleines Testament in der Hängematte mit dem Aufkleber: lies die Bibel.

Die Aussage: »Wir können zwar für Spannung und Entspannung sorgen« führt zu der Feststellung »aber Kraft zum Leben gibt nur Gott«. Weil Gottes Kraft so wirksam und vollkommen ist, wird sie durch einen leuchtend gelben Kreis symbolisiert.

Da nützt selbst die beste Dusche nichts!

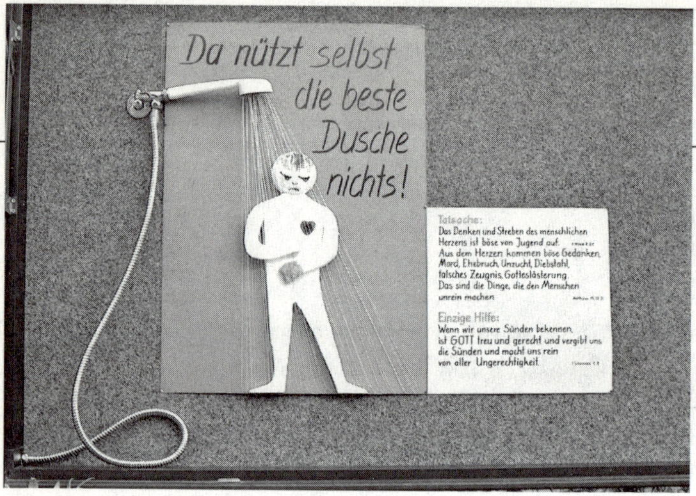

42

Beim Umbau unseres Badezimmers war der alte Duschkopf übrig. Er hatte noch eine Lochplatte, durch die ich viele dicke Perlonfäden ziehen konnte. Bei Beleuchtung sah das besonders attraktiv aus, weil die Lichtstrahlen von ihnen reflektiert wurden. (Ich habe ihn mit einer Perlonschnur oben an der Leuchtstoffröhre festgebunden. Die Halterung ist mit starken Nadeln in den Nadelfilz gesteckt.)
Das stilisierte Styropor-Männchen hat ein schwarzes Herz und in einer Hand ein Stück Seife und in der anderen einen Waschlappen.
Der Text spricht zwar etwas Negatives an, aber die lustige Gestaltung trägt dazu bei, dass der Betrachter nicht »sauer« reagiert.

Ein Hase macht noch keine Ostern

43

Ein Hase ist für die meisten Leute das Symbol für Ostern.
Daran anknüpfend wollte ich aber auf das zentrale Ostergeschehen hinweisen: die Auferstehung Jesu.

Für die Andeutung des Grabes habe ich das Styropor an der Oberfläche mit Lösungsmittel aufgeraut, damit die Struktur eines Felsens entsteht. Der Rollstein, eine Styropor-Scheibe kann echt in einer Rinne gerollt werden.
Die großen Buchstaben habe ich mit einem deckenden gelben Lackstift auf den blauen Plakatkarton geschrieben.

Leider habe ich damals bei der Gestaltung zu viele unterschiedliche Schrifttypen verwandt.

Blaue Mauritius

44

Für Philatelisten ist sie der Inbegriff des Wertvollen und auch wer keine Briefmarken sammelt, hat sicher schon von der »Blauen Mauritius« gehört.
Ich habe mir einen Faksimiledruck besorgt und ihn in ein goldenes, mit blauem Samt ausgeschlagenes Kästchen geklebt.
Diese Marke ist eigentlich unscheinbar, klein und auch nicht schön. Warum ist sie trotzdem so berühmt?
Mit den Stichworten »selten«, »wertvoll« und »begehrt« wird es begründet. Wenn keiner Interesse zeigte an der Marke, hätte sie keinen Wert in sich.
Im Spiegel erkennt sich der Betrachter selbst. Sein Blick wird dann auf das große DU gelenkt. Die Bezeichnungen »einmalig«, »unbezahlbar« und »geliebt« entsprechen den drei oben genannten Eigenschaften und weisen eine wesentliche Steigerung auf. Sie sind jeweils in denselben Farben geschrieben wie die Vergleichswörter. Die höchste Aussage »DU bist von Gott geliebt« soll dem Menschen bewusst machen, welche Würde ihm der Schöpfer damit schenkt. Ob die Aufforderung zum Dank befolgt wurde?

Dieses Schaubild ist schon mehrere Jahre alt. Heute würde ich das Schriftbild anders gestalten. Den Vergleich finde ich aber immer noch eindrucksvoll.

Gott erleben – ProChrist 97

45

Damit Sie sehen, wie die Puppen im Schaukasten Verwendung fanden, füge ich dieses Foto noch an. Bloß ein Plakat und einen Handzettel in den Kasten zu hängen, war mir nicht originell genug. So stellte ich die Puppen daneben, die mit den Sprechblasen ihre Kommentare dazu gaben. Die Frau weist auf die Kinderveranstaltung hin und zeigt den von uns extra gestalteten Handzettel für Kinder.

(Leider hatte ich das große Plakat nicht mit Posterschienen aufgehängt, sodass es nicht ganz glatt ist.)

D Gestaltung einer Vitrine

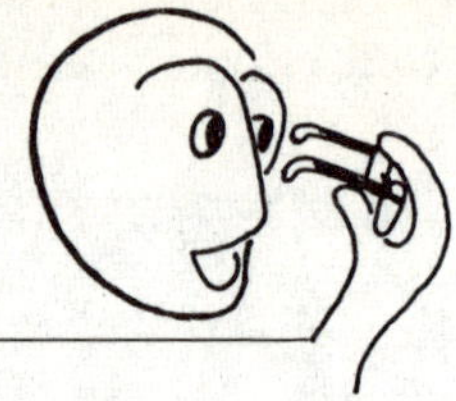

1. Einige Aspekte für eine große Herausforderung

Wenn in Ihrer Stadt die Möglichkeit besteht, an einem zentralen und stark frequentierten Ort eine Vitrine zu errichten oder eine bestehende zu mieten, sollte diese Chance wahrgenommen werden. So kann die Gemeinde präsent sein und auch solche Menschen ansprechen, die vielleicht nie am Gemeindehaus vorbeikämen, wenn sie nicht darauf aufmerksam gemacht würden.

Die Gestaltung einer Vitrine ist natürlich viel aufwändiger und arbeitsintensiver als die Dekoration eines Schaukastens. Wenn sie von allen Seiten den Durchblick freigibt, hat man nicht die vom Schaukasten gewohnte Rückwand, um etwas daran zu befestigen. Deshalb stellt man am besten die Objekte auf den Boden, wobei man durch mehrere Ebenen in unterschiedlicher Höhe den Raum aufteilen kann. Auch das Abhängen von der Decke bringt interessante Möglichkeiten zum Gestalten.

Wer bisher schon einen »tiefen« Schaukasten gestaltet hat, kann manche Teile und Objekte auch für die Vitrine benutzen. Man muss nur darauf achten, in seiner Vorstellung ganz räumlich zu denken.
Durch die Aufstellung einer Trennwand kann der Raum auch in einzelne Bereiche eingeteilt werden, was die Anbringung von Einzelelementen und Plakaten erleichtert.

Eine ausführliche Anleitung mit vielen Beispielen zur Gestaltung einer Vitrine würde über den Rahmen dieses Buches hinausgehen.

Vieles, was in den vorherigen Kapiteln erwähnt wurde, kann auch bei einer Vitrine angewandt werden.
Wenn sich in Ihrer Gemeinde die Möglichkeit ergibt, eine Vitrine zu gestalten, wagen Sie es doch, diese Herausforderung anzunehmen. Sie werden ganz neue Erfahrungen sammeln und spannende Entdeckungen machen. Wenn Sie dann hin und wieder hören, dass jemand durch die Vitrine den Weg zur Gemeinde gefunden hat, schenkt das neuen Mut und Sie merken, dass Gott Ihren Dienst gebraucht.

2. Beispiele für die Gestaltung einer Vitrine (Inge Weidemann)

Die Fotos von Inge Weidemann zeigen Beispiele aus Gießen.
Die Freie Evangelische Gemeinde in Gießen hat von der Stadt eine Vitrine am Marktplatz gemietet. Sie ist 250 cm lang und an einem Ende 70 cm, am anderen 90 cm breit. Die Höhe beträgt 120 cm. Als Stütze für die Dachabdeckung stehen zwei Metallsäulen im Raum. Bei der Dekoration werden diese Säulen meist verkleidet.

Zu Farb-Foto Nr. 40:
Angst

Ein spezifisches Kennzeichen unserer Zeit ist die Angst. Durch Bedrohungsangst, Verlust- und Versagensängste haben Menschen oft das Gefühl, als würden sie erdrückt.
Eine Karikatur von Tiki Küstenmacher motivierte mich zu dieser Gestaltung der Vitrine.
Für die räumliche Umsetzung der Zeichnung habe ich die Puppen hergestellt und plastische Felsen gestaltet.
Die beiden senkrechten Felsen sind aus geknüllter Raufasertapete, die ich mit Kleister auf eine Wellpappenunterlage geklebt habe. So konnte ich sie gut um jede Säule herumbiegen.
Die Gestaltung in der Mitte ist auf jeder Seite gleich.
Aus zwei Styroporplatten habe ich mit einem elektrischen Modellier-

gerät die Oberfläche gestaltet und das Wort ANGST mit erhabenen Buchstaben stehen gelassen. Mit Dispersionsfarbe bekam das Styropor (wie auch die Raufasertapete) ein felsenähnliches Aussehen. Mit diesen Platten habe ich die Seiten eines großen Kartons beklebt.
Den Karton konnte ich mit starken Perlonfäden an der Hakenschiene oben aufhängen.
Das Kreuz mit der Zusage Jesu hält den »Angst-Felsen« optisch auf, damit er nicht die Menschen erdrücken kann.
In den Sprechblasen ist zu lesen: »Der Fels da oben ist noch da« – »aber er kann jetzt nicht mehr auf uns fallen!«
Große Steine und kleine Bröckchen bilden die passende Dekoration auf dem Boden.
(Hier hat die Frau die Sommerkleidung an und locker fallende Haare.)

Die nächsten beiden Fotos zeigen eine Gestaltung, die den Betrachter motivieren soll, um die Vitrine herumzugehen, um die gesamte Aussage zu erfassen.

Zu Farb-Foto Nr. 41 und Nr. 42:
Mehr als ein Klotz am Bein belastet unvergebene Schuld

Die Werbung in einer Apothekenzeitung brachte mich auf die Idee mit dem »Klotz am Bein«. Selbstverständlich musste für die Vitrine ein echter dicker Holzklotz besorgt werden. Mit einer schweren Eisenkette habe ich ihn an einem Deko-Bein festgemacht. Das Bein kommt aus einem Rock hervor und steckt unten richtig in einem Schuh.
Durch die Treppe wird angedeutet, dass der Aufstieg zu beschwerlich ist. Auf der obersten Treppenstufe ist zu lesen: »Das Problem: Wie werde ich meine Schuld los?«
Ein dicker roter Faden führt zu einzelnen Karikaturen, die vergebliche Versuche aufzeigen, wie Menschen mit dem Problem fertig werden wollen. Die humorvollen Zeichnungen bringen eine Auflockerung und stimmen den Betrachter positiver.
Der rote Faden führt am Schluss zu der Tafel, auf der man lesen kann, wo wirklich Befreiung geschieht. Das Bibelzitat aus 1. Johannes 1,9 will dazu einladen, Gottes Angebot persönlich anzunehmen.
Es wird heute oft vermieden, das Thema »Schuld« überhaupt anzusprechen, weil man die Leute nicht verärgern will.

Dadurch wird ihnen aber auch die befreiende Botschaft von der Erlösung vorenthalten. Was soll man denn mit einem Retter anfangen, wenn man die Tatsache nicht akzeptiert, dass man verloren ist? Das Evangelium wird also nur auf dem Hintergrund der Erlösungsbedürftigkeit verstanden und wir sollten ruhig den Mut haben, auch unbequeme biblische Wahrheiten anzusprechen.

ProChrist 93

46

47

48

Weil die Gestaltung bei einer Vitrine wesentlich aufwändiger ist als bei einem Schaukasten, wird sie nicht so oft gewechselt.
Die Ankündigung der ProChrist-Veranstaltung erfolgte über mehrere Wochen. Damit die Passanten nicht immer dasselbe sahen, habe ich verschiedene Informations-Phasen mit Hilfe der Puppen gestaltet.
Zuletzt war auch ein Satellit zu sehen (können Sie ihn oben erkennen?). Von Essen, dem Veranstaltungsort, führt eine Verbindung über den Satelliten zum Übertragungsort Gießen auf der Deutschlandkarte (mit all den anderen Übertragungsorten).

Schwarz-Weiß-Kontrast

Bei dieser Gestaltung geht es in der gesamten Vitrine um den Schwarz-Weiß-Kontrast. (Die Schwarz-W.-Fotos Nr. 15, S. 97 und Nr. 17, S. 100 gehören auch dazu.)
Zentraler Blickfang sind auf der einen Seite die schwarzen plastisch hervorstehenden Zeichen, die zunächst von den Passanten schwer gedeutet werden können.
Auf die Glasscheibe habe ich zwei lange schwarze Streifen geklebt.
Wer entsprechend der Anweisung so weit zurückgeht, dass die schwarzen Streifen oben und unten die Zeichen begrenzen, kann das Wort JESUS erkennen. Auf dem Foto ist das deutlich zu sehen. (Wenn Sie

49

50

mit weißem Papier die Streifen abdecken, können Sie sich besser vorstellen, was der Betrachter zunächst gesehen hat.)
Einige Passanten haben sich an dem Preisrätsel beteiligt.

Auf der anderen Seite standen die Puppen vor einem großen weißen Tuch mit einem kleinen schwarzen Flecken.
Auf die Frage: »Was sehen Sie?«, deutet die Frau gleich auf den Fleck, während der Mann auch die große weiße Fläche erwähnt, die sauber ist.

Ein typisches Verhalten von uns Menschen wird hier angesprochen. Wir neigen schnell zur Klage und beschweren uns über Kleinigkeiten, die uns nicht gefallen, anstatt in Dankbarkeit auf so vieles zu sehen, was Gott uns an Gutem schenkt.

Diese Gestaltung eignet sich auch gut für den Schaukasten. Ist er nicht tief genug, können die Puppen durch Bilder von Personen ersetzt werden.

Mülldeponie

51

52

Über Monate beschäftigte die Diskussion wegen einer in der Umgebung Gießens geplanten Mülldeponie die Gemüter. Das nahm ich zum Anlass für diese Vitrinengestaltung.
Von der einen Seite kann man auf dem Regenbogen lesen: »Bei Jesus Christus können Sie den Sondermüll Ihres Herzens abladen« und auf der anderen Seite erfährt der Betrachter: »Golgatha – die größte Sondermüll-Deponie der Welt. Entsorgung auch für Altlasten.«
Am Kreuz daneben kann man in Stichworten lesen, was uns so belastet.

Nicht erst, –/ Wenn alle Stricke reißen

53

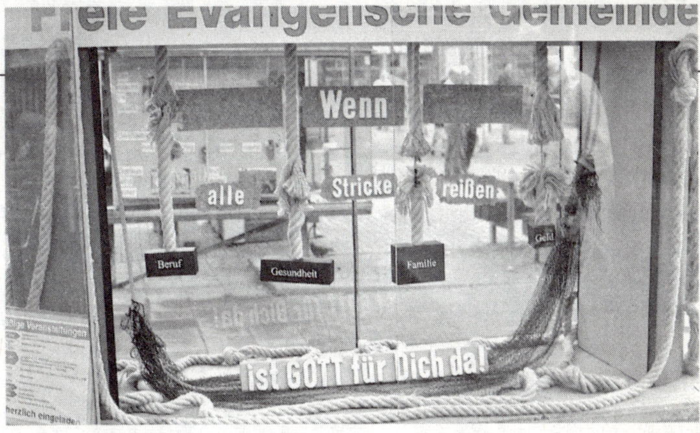

54

Diese Gestaltung kennen Sie schon ähnlich vom Schaukasten. (Farb-Foto Nr. 27) Weil die Wörter zwischen den Stricken jetzt frei hängen und von beiden Seiten gelesen werden, habe ich sie auf etwas größere Korkstücke geklebt und mit dünnen Perlonfäden aufgehängt.
Für die Vitrine wurde noch ein dickes langes Tau und ein großes Netz dekoriert. Auf Kartonstücken ist die Aussage aus Psalm 50,15 zu lesen.

Jesus kam zu uns, damit wir zu Gott kommen können.

55

Diese Weihnachtsgestaltung wurde bei abendlicher Beleuchtung aufgenommen.
Auf dem einen gelben Styropor-Pfeil verläuft die Schrift von oben nach unten und dann auf dem anderen wieder nach oben. Zwischen den Pfeilspitzen, die durch ein weißes Band verbunden sind, ist die Krippenszene aufgebaut.
Die Figuren habe ich aus ungebranntem gelben Ton geformt.
Die Säulen sind mit blauem Plakatkarton verkleidet, der wie ein Sternenhimmel gespritzt ist. (Siehe B 7.3., S. 92)
Auch hier fand die halbplastische Erdkugel, die Sie schon von anderen Gestaltungen (Farb-Fotos Nr. 23, Nr. 34 und Nr. 35) kennen, Verwendung.
Auf dem umlaufenden Band steht: »Der von Gott besuchte Planet.«
An der zweiten Säule befindet sich innen eine schwarze Styroporplatte, an der auf vier kleinen Tafeln der Text von Johannes 3,16 steht.

Gott ist immer noch Gott

56

Zum Abschluss der Beispiele aus der Vitrine zeige ich Ihnen noch eine Gestaltung, die auch für den Schaukasten geeignet ist.
Die klare Aussage, die immer kürzer und prägnanter wird, kommt am besten zur Geltung durch die großen Blockbuchstaben aus Styropor. Sie wirken fast so, als wären sie aus dem weißen Grund herausgemeißelt. Dadurch wird die Verlässlichkeit der Aussage noch unterstrichen.

Die Einladung zur Glaubenskonferenz bestimmte die weitere Gestaltung. Peter Hahne war einer der Redner.

Anhang

Literatur zur Schaukastengestaltung:

Kornelia Herrmann: Der Schaukasten – Visitenkarte der Gemeinde
Verlag der St. Johannis-Druckerei, Schweickhardt 1986

Die werbende Gemeinde – ein Handbuch
224 Seiten, darin: Der Schaukasten, S.27-48
Herausgeber: Fachbereich Werbung und Public Relations im Gemeinschaftswerk der Evang. Publizistik e. V.
Bestellnummer 530

Bezugsquellen

Für Schaukästen:
Firma HENRICH Beratung & Kommunikation (Präsentationssysteme)
Rosenstraße 24
35767 Breitscheid – Medenbach
Tel. 027 77 / 10 38 Fax 027 77 / 65 28

SAEBEL GmbH Schilder – Systeme
Didierstraße 40
56112 Lahnstein
Tel. 026 21 / 9 73 30 Fax 026 21 / 97 33 55

Für Platten, Pappen, KAPA, Papiere, Folien aller Art:
NORBERT WITTSTOCK GmbH
Fahrenberg 12
22885 Barsbüttel / Hamburg
Tel. 040 / 670 65 10 Fax 040 / 67 06 51 51

Für Kaltlaminierfolien und andere Trägerfolien:
PRE-PRO
Präsentationssysteme GmbH
Industriestraße 34
79807 Lottstetten

Für Deko-Artikel, Styroporschneider, Buchstabenschablonen, Hüllen u.v.m.:
(Umfassender Katalog)
HEINRICH WOERNER GmbH Internationale Schauwerbung
Liebigstraße 37
74211 Leingarten bei Heilbronn

Adressen

WerbeDienst, Mittelstraße 11, 70180 Stuttgart
gibt heraus: Druckfertige grafische Vorlagen
Zeitschrift »Werbedienst« mit Arbeitshilfen und Informationen
»Der Schaukasten«, Sonderdruck aus: »Die werbende Gemeinde«
Dekovit – Schaukastenmaterial, z.B. Plakate, Texte, usw. (Prospekt ca. 30,– DM)

WerbeDienst, Röhrchenstraße 10, 58452 Witten, Pastor Helmut Meile
Arbeitshilfen und Informationen für eine werbende Kirche.

Art-MISSION Schaukastenarbeit
Gerhard Torkler, Bergstraße 7, 51597 Morsbach-Lichtenberg
Tel. + Fax: 0 22 94 / 9 05 72
gibt heraus: Computer-Ausdrucke für Schaukästen
Katalog mit 60 Entwürfen für 58,– DM

Jungmännerwerk CVJM Thüringen,
Dalbergswerk 21, 99084 Erfurt
gibt heraus: Arbeitshilfe mit Plakat und 4 Entwürfen,
zweimal jährlich, gegen Spende

Evangelische Kirche im Rheinland,
Information und Medienstelle
z.H. Bärbel Schulz, Hans-Böckler-Str. 7, 40476 Düsseldorf,
Tel.: 0211/4562-342
gibt heraus: »Ostern und Weihnachten im Schaukasten«,
gegen 10,– DM als Verrechnungscheck

Reinhart Böhm
(Von ihm sind die Skizzen zur Lagerung der Schaubilder S. 106–109)
Parkstraße 16
23568 Lübeck
Tel.: 0451/35874

Manfred Rehm
(Schaukastengestaltung der Christlichen Vereinigung
Deutscher Eisenbahner CVDE)
Sonnenring 27
65520 Bad Camberg
Tel.: 06434/6201

Stefan Hartmann
Gnadenthaler Straße 6
81476 München
Tel.: 089/ 757916